INFO VERLAG · CARSTEN PRIEBE · AUF DEN SPUREN DER PIONIERE · VOM MOTOR ZUM AUTOMOBIL

7. März 1884

Franz Camagni aus Lindau schreibt einen verzweifelten Leserbrief an die Zeitschrift 'The Engineer': er wolle unbedingt ein Dampftricycle kaufen und wisse nicht wo.

Ob er es je bekommen hat?

CARSTEN PRIEBE

Auf den Spuren der Pioniere

Vom Motor zum Automobil 1859 bis 1891

INFO VERLAGSGESELLSCHAFT

Herausgegeben von
Thomas Lindemann

dtp-Realisation
Christoph Morlok

Mitarbeit
Constanze Jung
Bernd Villhauer

Abbildungsnachweis
Sammlung Priebe
Quellennachweis siehe Seite 98 ff.
Titelmotiv: Dampfwagen von Serpollet
aus dem Jahre 1891.

Die Deutsche Bibliothek – Cip-Einheitsaufnahme
Auf den Spuren der Pioniere : vom Motor zum Automobil, 1859 bis 1891 /
Priebe Carsten. [Hrsg. von Thomas Lindemann. Mitarb. Constanze Jung ; Bernd Villhauer]. -
Karlsruhe: INFO Verl.-Ges., 1998 ISBN 3-88190-223-6

Käppelestraße 6 · D-76131 Karlsruhe
Postfach 33 67 · D-76019 Karlsruhe
Telefon (0721) 617888 · Fax (0721) 621238
ISDN Leonardo (0721) 9613850
e-mail: info-verlag-karlsruhe@t-online.de

ISBN 3-88190-223-6

INHALT

Vorwort
7

Einleitung
9

Chronologie des Automobils
von 1859 bis 1891
10

Nachwort
91

Die erhaltenen Fahrzeuge
91

Anmerkungen
95

Literaturverzeichnis
98

Personenregister
100

Fahrzeugregister
105

Automobilmuseen
105

Abkürzungsverzeichnis
116

Serpollets Dampftricycle von 1891.

VORWORT

Diese Chronik zeichnet die frühe Entwicklungsgeschichte des Automobils so vollständig wie nur irgend möglich nach. Sie beginnt im Jahre 1859 mit der Erfindung des Verbrennungsmotors durch Lenoir in Paris und endet 1891 mit der ersten Serienfertigung eines PKW durch 'Panhard & Levassor' in Frankreich. In dieser Zeitspanne wirkte eine bisher kaum vermutete Anzahl von Tüftlern, Erfindern und Konstrukteuren, deren Ideen, Erfolge, aber auch Niederlagen geschildert werden.

All diese Automobilpioniere diesseits und jenseits des Atlantik, die hier erstmals in einer Gesamtübersicht gewürdigt werden, verdienen es, der Vergessenheit entrissen zu werden. Nur in ganz wenigen Fällen gaben die Quellen nicht mehr als den Namen preis; dafür war es häufig genug möglich, die absonderlichsten und unbesehen weitergegebenen Irrtümer über Erfinder und ihre Automobile zu korrigieren.

Der Chronist hofft, daß aus seiner jahrelangen Suche in Archiven und Museen eine Darstellung entstanden ist, die den sehr verwickelten Innovationsprozeß in einer ebenso vollständigen wie überschaubaren Form vor Augen führt. Durch die synchrone Behandlung von Dampfmaschine, Elektro- und Verbrennungsmotor werden die oft komplizierten Bedingungen deutlich, unter denen neue technische Ideen und Konzepte Gestalt annehmen konnten.

Eine Chronik wie diese ist ohne Unterstützung schwerlich zu realisieren. Ein Wort des Dankes gilt daher den Mitarbeitern der Universitätsbibliothek Karlsruhe, der Bibliothèque Nationale in Paris und der National Automotive History Collection in Detroit. Ohne die freundlichen Recherchen von Catherine J. Phillips in amerikanischen Archiven sowie von Marie Tieche und Graham Carter vom National Motor Museum in Beaulieu hätte die angestrebte Vollständigkeit dieser Dokumentation gelitten. Die reiche Bebilderung wäre ohne die Reproaufnahmen von Johanna Maier nicht möglich gewesen.

Carsten Priebe

Modell des Verbrennungs-motors von Samuel Morey aus dem Jahr 1826.

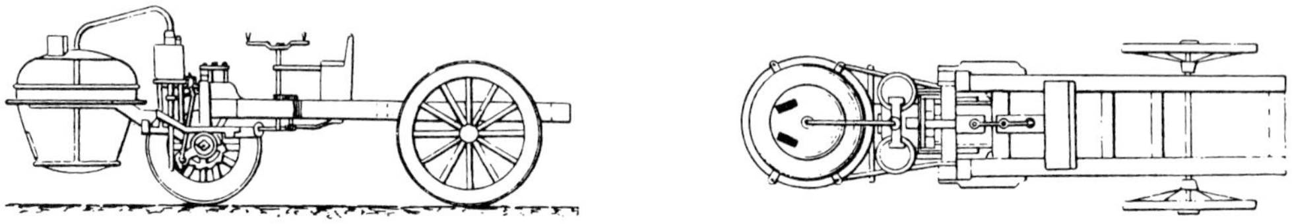

Der 'Fardier' von Cugnot aus dem Jahr 1770, mit Seitenansicht und Draufsicht.

(Abdruck mit freundlicher Genehmigung des Verkehrs-museums Nürnberg)

EINLEITUNG

Wer baute das erste Automobil? Um diese Frage korrekt zu beantworten, müßte man erst einmal den Begriff Automobil definieren. Und das ist gar nicht so einfach. Wieviel Räder hat unser 'Selbstbeweger'? Drei, vier, sechs oder sogar acht? Womit wird ein Auto angetrieben? Mit Dampfkraft, Elektrizität, Benzin oder Diesel, Federkraft oder ...?

Die am weitesten gefaßte Definition ist wohl die beste: Ein Automobil ist ein mechanisch angetriebenes, mehrspuriges, nicht schienengebundenes Straßenfahrzeug. Der erste, der ein solches Fahrzeug für einen praktischen Zweck gebaut hatte, war der Lothringer Nicolaus Joseph Cugnot (1725 - 1804). Sein '*Fardier*' sollte die Kanonen Louis' XVI. an die Front schleppen. Die Idee zu dem kaum lenkbaren, dampfgetriebenen Dreirad lieferte wohl Abbé Gautier 1755[1], gebaut hatte das Fahrzeug der Mechaniker Brezin. Im Oktober des Jahres 1769 unternahm man die erste Probefahrt unter den Augen des Kriegsministers. Alle 15 Minuten mußte der große Kessel über dem Vorderrad mit Wasser gefüllt werden. Ein verbesserter Wagen wurde 1770 getestet. Nachdem Cugnot jedoch mit 4,5 km/h eine Mauer umfuhr, gab das Militär den Plan auf. Am 31. Oktober 1791 beschrieb John Barber erstmals das Prinzip eines modernen Verbrennungsmotors und 1799 veröffentlichte der Franzose Philippe Lebon die Idee eines Zweitaktmotors. Doch bis 1859 blieb Dampfkraft, von einigen Versuchen mit Elektrowagen[2] und den (Gas-)Motoren von Isaac de Rivaz[3] und Samuel Brown[4] abgesehen, die wichtigste Antriebsquelle für Automobile. So blieben die Versuche mit Verbrennungsmotoren der Amerikaner Samuel Morey (1826) in Oxford, NH*, von Dr. Alfred Drake (1835) aus Philadelphia, PA, oder des New Yorkers Stuart Perry (1844 - 1846) (➤ S. 94) zwar beachtenswert doch zunächst folgenlos. Dies sollte sich erst mit der industriellen Förderung des Erdöls ändern.

Isaac de Rivaz (1752-1829)

** Die amerikanischen Bundesstaaten sind im gesamten Text abgekürzt. Ein Verzeichnis dieser Abkürzungen finden Sie auf Seite 116.*

1859

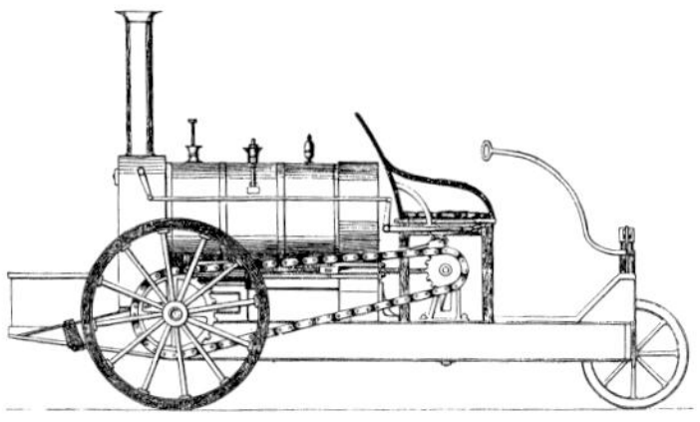

Der dreirädrige Dampfwagen von Thomas Rickett.

Thomas Rickett aus Castle Fondry, Buckingham, überarbeitete einen dreirädrigen Dampfwagen, dessen erste Version er ein Jahr zuvor an den Marquis of Stafford geliefert hatte. Es war der zweite Dampfwagen, den Rickett gebaut hatte. Nach der Überarbeitung fuhr das Fahrzeug statt 15 km/h nun 17 km/h und erreichte sogar eine Spitzengeschwindigkeit von stattlichen 20 km/h. Eine Kette trieb normalerweise nur ein Hinterrad an, für alle Fälle konnte bei schwierigen Straßenverhältnissen durch eine Kupplung das zweite Hinterrad zugeschaltet werden. Als der Marquis of Stafford seine Freunde mit dem Wagen ausführte, waren sie so begeistert von dem neuartigen Gefährt, daß Rickett gleich zwei Neubestellungen erhielt. Ein Wagen ging an den Earl of Caithness, der damit durch die schottischen Highlands von Inverness nach Borrogil Castle fuhr, eine Strecke von etwa 50 km. Dieser Dampfwagen erreichte eine Spitzengeschwindigkeit von 31 km/h und alle seine beweglichen Teile waren zum Schutz vor Verschmutzung verkleidet.

Manche Dampfwagenbauer hatten ehrgeizige Pläne: 'Seaward & Company'[5] eröffneten eine Dampfomnibuslinie für die fast 300 km lange Strecke von London nach Leeds. Ob auf der Strecke je der Betrieb aufgenommen wurde, ist fraglich. Andere englische Dampfwagenbauer waren Bach aus Birmingham und Stirling aus Kilmarnock. R. Longstaff und A. Pullan bauten einen schweren Dampfschlepper.

Doch die Ära der Dampfmaschine sollte sich bald ihrem Ende nähern, denn im Kaukasus und in Pennsylvania wurde das erste unterirdische Erdöl gefördert. Es brach ein wahrer Ölboom aus: in kurzer Zeit waren allein in Pittsburgh, PA, 56 Raffinerien in Betrieb. Die amerikanischen Erdölexporte stiegen von jährlich 2.000 Barrel in nur zehn Jahren auf 10 Millionen Barrel pro Jahr. Die Idee des Engländers Robert Street, der schon 1794 Maschinen mit den Dämpfen von Teeröl antreiben wollte, schien sich nun realisieren zu lassen. 1859 war jedoch Leuchtgas die modernste Energiequelle. Wie in allen Großstädten Europas, so hatte sich auch in Paris die Gasbeleuchtung durchgesetzt. Eines Abends explodierte in der Wohnung der Lenoirs eine Gaslampe. Die Wucht der Explosion beeindruckte den in Belgien geborenen Jean-Joseph Etienne Lenoir (1822 - 1900) enorm. Lenoir hatte nach einer Emaillieurlehre 1847 verschiedene Werkzeuge zur Emaillierung erfunden und 1852 eine galvanoplastische Werkstätte gegründet.

Der Earl of Caithness unterwegs mit Ricketts Wagen.

Der Erfolg in Belgien blieb ihm jedoch versagt, so mußte er sich in Paris als Kellner durchschlagen. Die Explosion seiner Wohnzimmerlampe brachte ihn auf die Idee, die dabei freigesetzte Energie sinnvoll zu nutzen. Da seine Pläne für elektrische Sicherheitssignale von der französischen Eisenbahn abgelehnt worden waren, stürzte er sich mit Elan auf die Entwicklung einer Gaskraftmaschine. Dazu benutzte er eine kleine Dampfmaschine, die er mit selbstgebauten Zündkerzen bestückte, wobei der Zündfunke von einer Batterie stammte. Batterien waren noch nicht sehr leistungsfähig, doch hatte G.R. Plantée im selben Jahr den Bleiakkumulator verbessert.

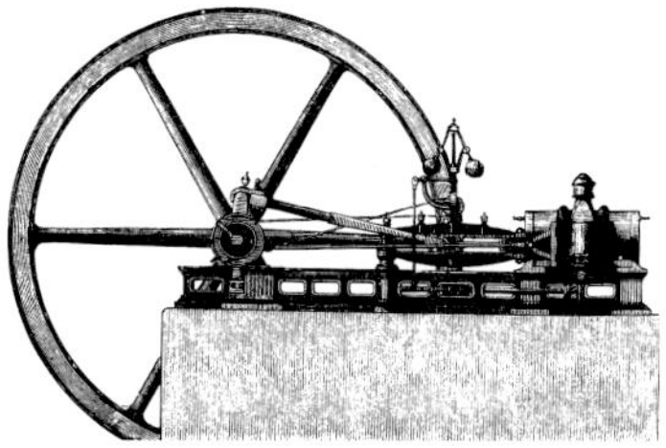

Lenoirs zum Motor umgebaute Dampfmaschine.

Auf der anderen Seite des Atlantiks baute John A. Reed aus New York City einen Dampfwagen auf Bestellung für Joseph Renshaw Brown aus St. Paul, MN. Über den Dampfwagen von Simon Ingersoll (1818 - 1894) aus Stamford, CT, wissen wir nur, daß er ihn zum Gespött der Leute machte.

1860

Am 24. Januar erhielt Lenoir das Patent für seinen Motor, der bei 100 Upm 1 PS leistete. Lenoir startete sofort eine lautstarke Werbekampagne für seine Erfindung. So war sein Motor mit den verschiedensten brennbaren Gasen zu betreiben und verbrauchte 15 Kubikfuß Gas pro Stunde, der Kubikmeter Stadtgas kostete 30 centimes. Geschmiert wurde der Motor mit Schweineschmalz. Die ersten Motoren wurden bei Marinoni und Lefebvre gebaut und am 29. September lieferten sie den ersten an einen Kunden, den Fabrikanten Barvajel, aus. Vielleicht wurde Lenoir auch von den Versuchen seines Landsmannes Pierre Hugon inspiriert, denn Hugon war Chef einer Pariser Gasgesellschaft und hatte schon zwei Jahre zuvor einen Zweitaktmotor erfunden. Aber die Auswirkungen von Lenoirs Motor waren viel größer: durch die Werbekampagne wurde der deutsche Handelsgehilfe Nikolaus August Otto (1832 - 1891) auf die Erfindung des Franzosen aufmerksam. Er begann sofort mit Experimenten für eine eigene Version des Lenoirmotors. Unabhängig davon erhielt der Tiroler Uhrmacher Christian Reithman (1818 - 1909) in Bayern das Königliche Privileg für einen kleinen Gasmotor, an dem er seit 1858 in München arbeitete. Der Mecklenburger Siegfried Marcus (1831 - 1898), der nach seiner Lehre in der Firma des ehemaligen Artillerieoffiziers Werner von Siemens (1816 - 1892) nach Wien gekommen war, unternahm seine ersten Experimente mit Benzin, das nur in Apotheken verkauft wurde. Georg Sigl, ein Lokomotivfabrikant, fuhr in Wiener Neustadt mit seinem Dampfwagen auf öffentlichen Straßen. Am 7. September testeten Escher und Wyss in Zürich ihren Dampfwagen, die Idee zu dem Fahrzeug hatten sie aus

Jean-Joseph Etienne Lenoir

Nikolaus August Otto

Siegfried Marcus

Der vierte Dampfwagen von Sylvester Roper.

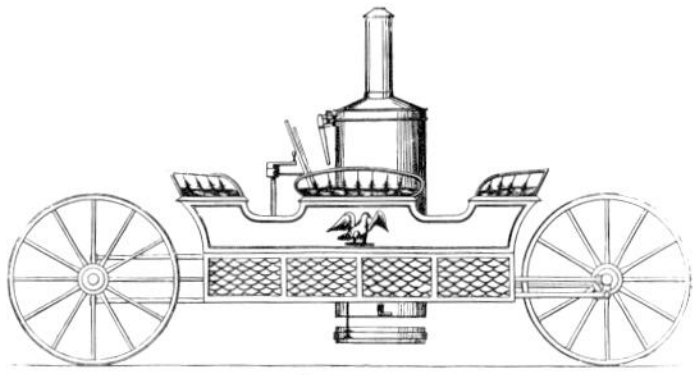

Der Wagen Fishers mit zentral eingebauter Dampfmaschine.

England mitgebracht. Die Firma 'Aveling & Porter' präsentierte eine Dampfzugmaschine auf der 'Royal Canterbury Show'. Ein Dampfwagen dieser Firma wurde an die 'Bergbau AG Weichseltal' geliefert. Dieser erste Import einer solchen Maschine nach Deutschland erregte soviel Aufsehen, daß das Finanzministerium nur einen verminderten Einfuhrzoll verlangte. R.E.B. Crompton (1845 - 1940) baute noch zu Schulzeiten den vierrädrigen Dampfwagen *'Blue Belle'* in England. Er war technisch so begabt, daß er die meisten Teile seines Wagens selbst gießen konnte und als Vorbild für das Differential diente ihm eine Spinnmaschine.

In Nantes baute Lotz seinen ersten Dampfwagen, den *'Éclair'*, der weitgehend dem Fahrzeug von Rickett entsprach. Lotz hatte sich schon seit 1856 mit der Idee eines Dampfwagens für gewöhnliche Straßen befaßt.

Abraham Lincoln wurde Präsident der USA, als Sylvester Hayward Roper mit seinem leichten dampfgetriebenen Wagen durch Roxbury, MA, fuhr. Es soll das vierte Fahrzeug gewesen sein, das er konstruierte, in den nächsten Jahren sollten noch zehn weitere folgen. Sie waren als billig und schnell bekannt. Antoine Steber und Fisher aus Utica, NY, entwarfen einen ziemlich erfolglosen Dampfwagen. Mehr Erfolg hatte John Kenrick Fisher[6] aus New York: dessen Fahrzeug verfügte im Gegensatz zu vielen anderen über eine ausgezeichnete Lenkung. Obwohl er viele Fahrten mit bis zu 20 km/h mit dem Wagen unternahm, fand sich kein Käufer. In Groton, NY, stellte die 'Couger Manufacturing Co.' Dampftraktoren für die Landwirtschaft her.

1861

Ein Modell der 'Ware Steam Co.'

Elijah Ware aus Bayonne, NJ, gründete die 'Ware Steam Wagon Co.'; sechs Jahre lang sollte sie Dampfwagen fertigen, manchen Quellen zufolge sogar bis 1871. Einer dieser kettengetriebenen, vierrädrigen Wagen wurde für $ 300 an Father Belcourt aus Rustico, Prince Edward Island, verkauft, der den Wagen jahrelang benutzte. Ein 'Ware' war vielleicht auch der Dampfwagen, den Joseph Battin aus New Ark, NJ, besaß und dessen Erbauer nicht bekannt ist. Ein schwerer Dampfschlepper wurde von Louis Badger aus Quincy, MA, konstruiert. John Kenrick Fisher baute zwei Dampfwagen für Passagiere, wovon einer verbrannte, bevor er ihn ausreichend testen konnte. Bereits 1857 begann Fisher mit dem Bau von dampfgetriebenen Feuerspritzen, sogar in England wurden vier der selbstfahrenden Geräte nach seinem Patent von J.G.E. Larned bei den 'Novelty Ironworks' gebaut. Fisher war von seiner Konstruktion so sehr überzeugt, daß er in einem Vergleichstest mit den Feuerspritzen von Perry Dickinson, einem Konstrukteur aus Erie, PA, die bessere ermitteln wollte. Es ist unklar, ob dieser Wettbewerb je stattfand, denn der Amerikanische Bürgerkrieg brach in diesem Jahr aus. Die ersten Feuerwehren verlangten nach wirkungsvollen Löschgeräten; der Bedarf für Dampffeuerspritzen stieg. Ihre Hersteller waren: Naomia Beane, Latta, Hodge, Shawk sowie Ericsson (1803 - 1889), der nach einer Offizierslaufbahn in Schweden die erste Feuerspritze 1831 in London gebaut hatte und dann nach New York ausgewandert war.

Zu den Konstrukteuren englischer Dampfwagen gehörten John Penn [7] (1805 - 1878) aus Greenwich und 'Cooke & Sons' aus York. Leyland und Coulthard exportierten ihre Fahrzeuge. Thomas Rickett montierte in den Dampfwagen des Marquis of Stafford nun anstatt des horizontalen einen vertikalen Boiler. W.O. Carrett von 'Carrett, Marshall & Co.' zeigte auf der 'Royal Exhibition' in Leeds ein Dampffahrzeug, das neun Sitzplätze hatte und trotz seines gewaltigen Gewichts von 5 Tonnen 25 km/h erreichte. George Salt war von der Straßenlokomotive so begeistert, daß er sie sofort kaufte. Die Smith Brothers aus Thrapstone stellen ihren Dampfwagen auf der 'Smithfield Show' aus.

Einerseits reduzierte die englische Regierung mit dem 'Locomotive Act' die Straßengebühren [8] für Dampffahrzeuge, denn an manchen Brücken waren sie bis zu 16 mal höher als für Pferdekutschen. Andererseits wurde die Höchstgeschwindigkeit außerorts auf 16 km/h reduziert, und zwei Personen mußten das Fahrzeug beaufsichtigen. Als Grund für diese Maßnahme gab man an, daß die

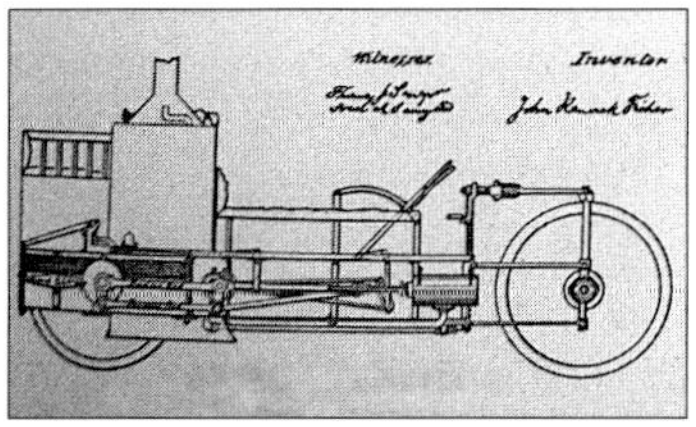

Patent der Dampffeuerspritze von J.K. Fisher vom 6. August 1861.

Dampffeuerspritze von Perry Dickinson aus dem Jahr 1865.

Dampfwagen von J.K. Fisher.

W.O. Carretts Dampfwagen mit neun Sitzplätzen.

Der Dampfwagen von 'Cooke & Sons' aus York.

Dampfwagen mit ihrem Gewicht die ohnehin schlechten Straßen völlig zerstören würden.
G. Schmidt schlug einen Verbrennungsmotor vor, bei dem das Gemisch vor dem Entzünden auf ein Drittel seines ursprünglichen Volumens komprimiert wird. Zum ersten Mal wurde die Idee eines Kompressormotors formuliert.

1862

Der französische Eisenbahningenieur Alphonse Beau de Rochas (1815 - 1893) beschrieb als erster einen Viertakt-Verbrennungsmotor. Am 16. Januar erhielt er das Patent für seine Idee, die er nie in einem Motor verwirklichte. Aber dieses Patent war im späteren Prozeß um Ottos Patent ausschlaggebend (➤ 1886).

Der englische Schiffsdampfmaschinenhersteller 'Alfred Yarrow & J.B. Hildtich' aus Bransbury präsentierte einen Dampfschlepper auf der Londoner Weltausstellung. Der Konstrukteur war T.W. Cowan aus Greenwich, der einen Preis für das technisch herausragende Design des Elfsitzers erhielt. Alle beweglichen Teile waren verkleidet, um sie vor Verschmutzung zu schützen. Der Amerikaner Merryweather stellte seine Dampffeuerspritze vor, an der schon bei der Vorführung wichtige Teile zerbrachen. Aus Frankreich kamen die Lokomobilen von 'Barbier & Daubré', J. Cumming und Malo. Deutschland war mit einer Lokomobile der Firma 'Cölner Maschinenbaugesellschaft' und Belgien mit einem Modell von 'Houget & Vervier' vertreten. Lenoirs Motor errang eine Medaille, und Lees Dampftricycle aus Leicester beeindruckte Joseph Wilkinson aus Ashford so sehr, daß er sich seinen eigenen Dampfwagen baute. Bis 1868 erhielt er verschiedene Patente für seine Fahrzeuge, darunter auch für einen petroleumbefeuerten vierrädrigen Dampfwagen. Die Dampfkutsche von A. Patterson hatte eine Zweizylindermaschine mit zwei Übersetzungen. Jeder Zylinder trieb ein Vorderrad an, und gelenkt wurde mittels einer Drehschemellenkung. In der Kutsche fanden sechs Personen Platz; das ganze Gefährt wog eine Tonne. Richard Tangyes *'Cornubia'*-Dampfwagen beförderte zehn Fahrgäste mit einer Geschwindigkeit von bis zu 33 km/h. Der Boiler hatte 100 Röhren und ermöglicht es so, den Wagen in wenigen Minuten fahrbereit zu machen. Tangye war in Birmingham einer der bedeutendsten Hersteller von Kleindampfmaschinen und rüstete den *'Cornubia'* mit einer wir-

Der Dampfwagen von 'Yarrow & Hildtich'.

Richard Tangye testet den 'Cornubia'.

kungsvollen Fußbremse aus. Er war selbst für einen unerfahrenen Lenker leicht zu bedienen.

Robert William Thomson (1822 - 1873) zog nach Edinburgh. Er hatte England früh verlassen, um eine kaufmännische Lehre in den USA zu absolvieren. Nach seiner Rückkehr arbeitete er zunächst in der Lokomotivfabrik von 'Stephenson', machte sich 1844 selbständig und erfand 1846 die Gummibereifung. Er ließ sie in England, Frankreich und den USA patentieren und rüstete Brougham-Kutschen in London mit diesen Reifen aus, die eine Lebensdauer von 1.000 Meilen hatten. Niemand beachtete sein Patent; so hielt er sich mit dem Verkauf eines selbsterfundenen Füllfederhalters über Wasser. Bald hatte er genug Geld, einen dreirädrigen Dampfschlepper mit Gummireifen zu bauen. Dadurch stieg seine Zugkraft gegenüber einem herkömmlichen Schlepper um das Doppelte. Allerdings waren die Gummireifen nicht ganz billig, drei Stück kosteten £ 241; Hartgummi wurde erst seit 1852 industriell hergestellt.

Der 'Cornubia' in Indien.

Einer von sechs Dampfwagen, die Isaac W. Boulton gebaut hat.

Eine Goldmedaille für seine Bandsäge erhielt Perin von der 1845 gegründeten Firma 'Perin & Pauwels' (➤ 1874).

Die USA kauften für 7,2 Millionen Dollar Alaska von Rußland, eine damals heftig umstrittene Entscheidung und Francis Curtis aus Newburyport, MA, experimentierte mit einer dampfgetriebenen Feuerspritze. Er hatte dazu eine leichte Highwheeler-Kutsche für einen Kunden umgebaut. Vor der Sitzbank über der Hinterachse war vertikal ein Boiler angebracht. Unter der Bank befand sich eine Kiste für 36 kg Kohle und ein Tank für 88 Liter Wasser. Der Hochdruckboiler erzeugte etwa 5 PS und die Spitzengeschwindigkeit soll bei 40 km/h, die Reichweite aber nur bei 8 km/h gelegen haben. Während einer Testfahrt vor dem Verkauf wollten ihn aufgebrachte Nachbarn stoppen; als auch noch der Sheriff kam, nahm Curtis Reißaus und gab Vollgas. Kaum war das überstanden, konnte der Kunde die verlangten $ 1.000 nicht bezahlen. Curtis ließ das Fahrzeug beschlagnahmen.

Der Dampfwagen von Joseph A. und Henry A. House aus Bridgeport, CT, wog 5.000 Pound (1 Pound ~ 0,454 kg). Sie benutzten ein Fahrgestell mit stahlarmierten Holzrädern und montieren darauf den zentralen Boiler. Die Kraftübertragung erfolgte über zwei Ketten; drei Personen waren notwendig, um das Fahrzeug zu bedienen. Weitere Passagiere fanden keinen Platz und vor jeder Fahrt mußten die Houses [20] die Erlaubnis der Behörden einholen. Das Gefährt war zu unpraktisch, so wurde es bald wieder zerlegt; es folgte eine nur noch 1.800 Pound schwere Konstruktion. Dieser Wagen soll 50 km/h schnell gewesen und in den nächsten Jahren über 1.000 Meilen weit gefahren sein.

Der erste kanadische Dampfwagen wurde von Henry Seth Taylor in Stanstead, Quebec, gebaut.

Miss Betsy Carr im Fahrzeug von Francis Curtis.

Der Dampfwagen von Henry Seth Taylor, im September 1867 aufgenommen.

Modell des Fahrzeuges von John Henry Knight.

Die 'Steam Wagonette'.

Taylor verunglückte bei einer Testfahrt schwer, weil sein Fahrzeug keine Bremsen hatte. Er repariert es und irgendwie überlebte der Dampfwagen bis heute.

1868

Schmidt zeigte seinen Dampfwagen in einer Ausstellung im französischen Le Havre. Der Londoner Verkehr war schon so gefährlich, daß man die erste Verkehrsampel am Parliament Square installierte, um den Members of Parliament ein sicheres Überqueren der Straße bei Nacht zu ermöglichen.

John Henry Knight aus Wybourne House, bei Farnham in Surrey, baute einen kleinen vierrädrigen Dampfwagen. Die zentral montierte Zweizylinderdampfmaschine trieb die großen Hinterräder an. Mit drei Passagieren erreichte der Wagen 13 km/h. Auch Steigungen waren kein Problem und Knight legte mehrere hundert Kilometer mit seinem Fahrzeug zurück. Bei einer Bergabfahrt versagten die Bremsen und ein anderes Mal löste sich ein Bolzen in der Vorderradlenkung, so daß Knight [21] in ein Hopfenfeld raste, doch beide Unfälle verliefen glimpflich. 'Catley & Ayres' aus York konstruierten eine dreirädrige '*Steam Wagonette*' mit ausgezeichneten Fahreigenschaften. Ihre Zweizylindermaschine trieb nur ein Hinterrad an. Der Wasservorrat des mit Mahagoni verkleideten Hochdruckboilers reichte für 8 km. Das Fahrzeug bot fünf Passagieren Platz.

Thomson ließ zwei Dampfwagen bei 'Tennant & Co.' bauen. Um die Überlegenheit seiner Gummibereifung zu zeigen, ließ er einen von ihnen bei Leith über eine nasse Wiese fahren, auf der jeder andere Dampfwagen stecken geblieben wäre. Der erste Dampfwagen sollte einen Omnibus mit bis zu 30 Passagieren ziehen, der zweite wurde nach Ceylon verschifft. Die Nachfrage nach Thomsons Dampfwagen war bald so groß, daß 'Tennant & Co.' mit der Produktion nicht nachkamen. So wurden Lizenzen an folgende Firmen vergeben: 'Robey & Co.', 'Ransommes, Simms & Head' und 'Burrell & Sons'. Einer dieser Wagen gelangte in den Besitz von Mr. Armstrong in Rawalpindi, Punjab.

Rowley Turnes, der Pariser Repräsentant der 'Coventry Sewingmachine Co.', kaufte ein Vélocipede von Michaux. Als er es in Coventry vorführte, war der Erfolg überwältigend, es gingen 400 Bestellungen ein, und um diese befriedigen zu können, wurde die 'Coventry Machinists Co. Ltd.' gegründet. James Starley (1831 - 1881) wurde ihr Chefingenieur.

Larmanjeat bewies die Zuverlässigkeit seiner Straßenlokomotive auf einer 198 km langen Zuverlässigkeitsfahrt von Auxerre nach Avallon und zurück; seine Durchschnittsgeschwindigkeit betrug dabei 11 km/h.

Der berühmte Dampfmaschineningenieur Jean-François Cail (1804 - 1871)

Dampfwagen von Cail.

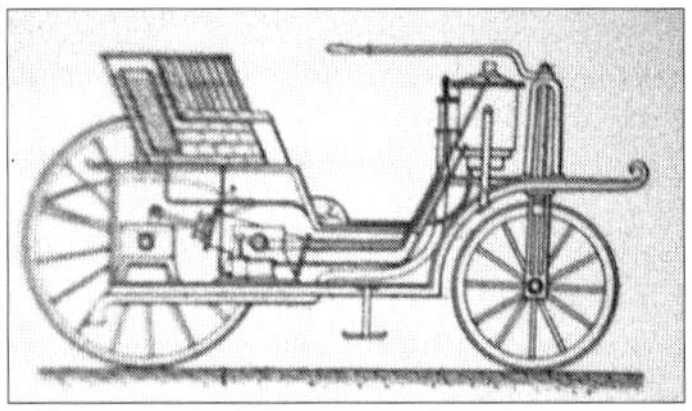

Ravels leichter Dampfwagen.

Gottlieb Daimler

erhielt am 26. Mai das Patent auf einen Dampfwagen, der von nur einem Fahrer bedient werden konnte. Am 2. September wurde dem Lokomotivingenieur Joseph Ravel [22] das Patent auf einen leichten Dampfwagen verliehen. Der Boiler wurde mit Petroleum beheizt. Ravels Kampf mit den Behörden begann (➤ 1869). Feugères Patent lautete auf einen Dampfwagen mit zwei Dampfmaschinen, die unabhängig voneinander die Hinterräder antrieben. Lotz benannte seine 1838 gegründete Firma in 'Lotz Fils de l'aîné' um und stellte einen neuen schweren Dampfwagen vor (➤ S. 95).

Die ersten deutschen Gewerkschaften formierten sich, als Gottlieb Daimler (1834 - 1900) Leiter der 'Maschinenbaugesellschaft' in Karlsruhe wurde.

Der Lokomotivingenieur Charles A. Ball aus Patterson, NJ, konstruierte einen sehr unpraktischen Dampfwagen, der kaum gefahren wurde. Der Dampfwagen von James F. Hill [23] aus Fletwood, PA, existiert noch heute. Später baute Hill einen Benzinmotor ein, mit dem er bis 1908 fuhr.

W. W. Austen kaufte einen vierrädrigen Dampfwagen von Roper. [24] Austen war Ropers Agent und zusammen tourten sie zu verschiedenen Jahrmärkten entlang der amerikanischen Ostküste. Der Eintritt zu ihren Vorführungen kostete 25 cents. Auf diesen Jahrmärkten gewann ihr Wagen verschiedene Ren-

und hatte die Maschine horizontal vor dem Boiler eingebaut. Den Höhepunkt der Ausstellung bildete am Donnerstag eine Wettfahrt zum 27 km entfernten Stafford und zurück. *'Chenab'* startete mit Crompton am Steuer nach den langsameren Maschinen um 6 Uhr 57 morgens. Der erste Stop kam bereits nach 6 Minuten: der Schornstein mußte wegen einer Eisenbahnbrücke umgelegt werden. Beim nächsten Stop nach 8 km, mußte an einer Quelle Wasser getankt werden. Zum Entsetzen der Besitzerin pumpte Crompton die Quelle trocken! Nach Problemen mit dem Boiler ging die Fahrt um 2 Minuten vor 8 Uhr weiter. Um viertel nach 8 Uhr überholten sie als erstes den Dampfwagen von Burrell, bald folgen weitere. Nach 2 ½ Stunden erreichte der *'Chenab'* das Ziel. Von den offiziellen Teilnehmern war jedoch der *'Sutherland'* mit 3 Stunden 35 Minuten abzüglich aller Stops am schnellsten. Es folgen weitere Vergleichstests gegen einen Dampfschlepper von 'Aveling & Porter'.

Im Juni heiratete Crompton. Für die Rückfahrt von Wolverhampton wurde ein in Edinburgh gebauter doppelstöckiger Omnibus an den *'Chenab'* angehängt. Für die acht Tage dauernde Rückfahrt, die gleichzeitig Cromptons Hochzeitsreise war, wurde das Unterdeck, das normalerweise 60 Passagiere aufnahm, als Schlafwagen umgebaut. Auf dem 70 Passagiere fassenden Oberdeck hatten die 15 Mitreisenden genügend Platz. Zu ihnen gehörte auch der Chefdesigner Oscar Bremme. Crompton war mit dem Boiler von *'Chenab'* unzufrieden und schickte das Fahrzeug per Zug zurück ins Werk nach Ipswich. Dort überwachte er den Bau der Dampfwagen *'Indus'* und *'Ravee'*, der einen Boiler von Field hatte, wie er auch von Merryweather in seinen Dampffeuerspritzen verwendet wurde. Die Maschine leistete 14 PS und der Raddurchmesser betrug 1,20 Meter. Jeder Reifen bestand aus einzelnen Kautschukbarren, die zu einer Kette verbunden waren, die sich alle 30 bis 40 Radumdrehungen einmal um sich selbst drehte. Thomson zeigte sich skeptisch gegenüber dem neuen Boiler und verlangte von Crompton einen ausführlichen Test des *'Ravee'*. Der entschloß sich, von Ipswich nach Edinburgh und zurück zu fahren, damit Thomson sich selbst von der Leistungsfähigkeit des Fahrzeuges überzeugen konnte.

Am Freitag den 15. September begann diese denkwürdige Fahrt um 3:40 Uhr morgens. Man hatte 1 Tonne Kohle, 1.700 Liter Wasser und im angehängten Omnibus, der normalerweise für 103 Passagiere ausgelegt war, jede Menge Vorräte und Gepäck geladen. Das ganze Gespann wog etwa 20 Tonnen. Neben Crompton fuhren noch drei Helfer mit, der Ersatzfahrer war gerade mal 17 Jahre alt. Das 'Home Office' hatte sogar die Erlaubnis gegeben, den

'Red Flag Act' zu ignorieren. Etwa alle 13 km mußte Wasser getankt werden. Hinter Ely überquerte das Gespann eine hölzerne Brücke, danach wurde die Fahrt extrem schwierig. Eine zweite Brücke schien nicht sicher genug, so daß man auf eine Paßstraße ausweichen mußte, die so rutschig und eng war, daß die breiten Hinterräder des *'Ravee'* kaum Halt fanden.

Nach etwa 12 Stunden waren die ersten 100 km geschafft. Der Lehrer Montfort aus Peterborough erhielt die Erlaubnis, das Gespann einmal fahren zu dürfen, lenkte es aber auf einer Brücke beinahe in den Abgrund. Geistesgegenwärtig griff Crompton ein und rettete in letzter Sekunde den *'Ravee'* vor dem sicheren Absturz.

Am nächsten Tag ging es mittags um 12:30 Uhr weiter nach Sawtry. Auf der Great North Road war der Belag dann so gut, daß man die Reifenketten abnehmen konnte. Crompton erreichte hier eine Spitzengeschwindigkeit von 14 km/h. Das Wochenende verbrachte man in Stebbington House.

Am Montagmorgen brach man auf, doch nach kurzer Zeit ging ein Reifen und auch noch das Lenkrad kaputt. In Azerley Hall wartete die Mannschaft auf den neuen Reifen. Trotz schweren Regens machte sich Crompton am 2. Oktober nach Darlington auf, von dort am nächsten Tag nach Durham. Obwohl es bereits dämmerte, fuhr Crompton weiter; morgens um 3:10 Uhr erreichte man die Newcastle High Level Bridge, doch der Brückenwächter erlaubte die Überfahrt nicht, so daß Crompton zu einem Umweg gezwungen war. Als später der Schrankenwärter der Turnpike Road bei Wooler die Durchfahrt verweigerte, ließ Crompton den Scheinwerfer abmontieren und durchbrach einfach die Barriere mit seinem Fahrzeug. Bei der Fahrt parallel zur Great Northern Railway überholte der *'Ravee'* sogar einige Züge. Am 4. Oktober kam man endlich in Edinburgh an. Thomson wurde in einem Rollstuhl auf die Straße gebracht, um das Fahrzeug inspizieren zu können. Man blieb drei Wochen in Edinburgh, wo auch der Direktor der Indischen Post den Wagen begutachtete. Am 1. November ging es zurück nach Ipswich, wo Crompton am 10. des Monats nach einer Strecke von 1.400 km eintraf.

Fowler baute einen 12 PS starken Dampftraktor, und Loftus Perkins konstruierte den ersten kleinen Dampfwagen mit Gummireifen. Nairns neuer Dampfbus, der *'Pioneer'* hatte eine Dreizylindermaschine und verkehrte 12 mal am Tag auf der 5 km langen Strecke zwischen Edinburgh und Portobello. 50 Passagiere fanden Platz, der Bus war sehr beliebt und seine Sicherheit wurde ausdrücklich gelobt.

1872

Die vier von 'Ransomes, Simms & Head' gebauten Dampfschlepper trafen in Indien ein. Dort wurden sie zum Transport schwerer Lasten eingesetzt. So zogen sie 19 Anhänger mit einem Gewicht von 40 Tonnen auf der Grand Trunk Road, wobei sie 8 km/h erreichten und das bei Unterhaltskosten, die nur halb so hoch wie die von Ochsenkarren waren. Cromptons [29] Fahrzeuge blieben bis 1878 im Einsatz, dann wurden sie der Northern State Railway übergeben.

Leonard J. Todd baute für die Royal Mail den Dampfwagen *'Centaur'*, der über 30 km/h erreichte und am Tag 160 km weit fahren sollte. Sein Dampfomnibus *'Pioneer'* verkehrte zwischen Leith und Edinburgh. Die auf dem Dach sitzenden Passagiere bezahlten nur einen halben Penny für die Fahrt. Todd rechnete vor, daß es nur £ 3.000 kosten würde, einen solchen Omnibusservice mit zwei Fahrzeugen einzurichten. Bald darauf fuhr auf der Strecke Edinburgh-Portobello Thomsons Dampfbus *'New Favorite'*. Nairn entwarf einen Dampfwagen für J. und T. Dale aus Kirkcaldy, der nach Neuseeland verschifft wurde.

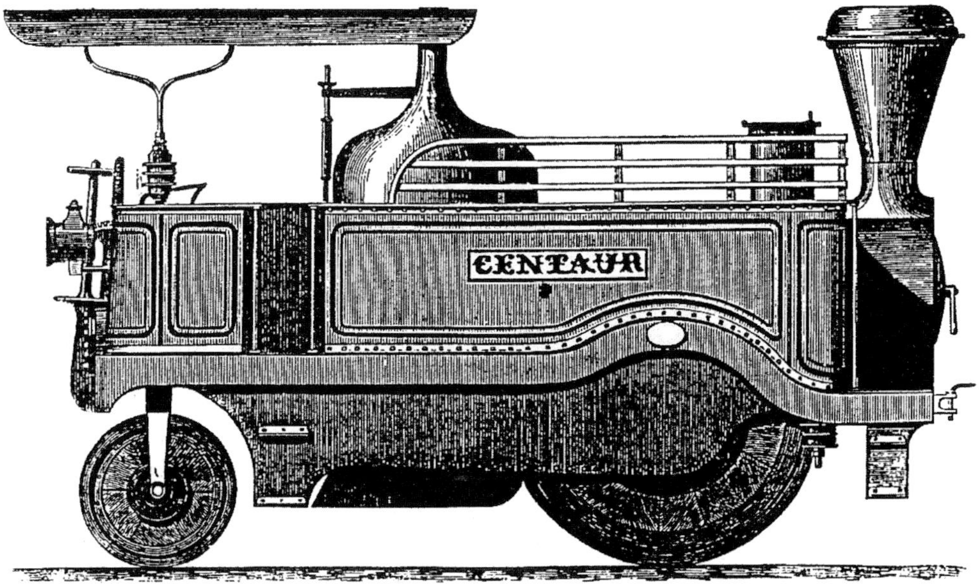

Der 'Centaur'.

Dampfkutsche von Randolph.

Die Dampfkutsche von Charles Randolph war etwa 5 Meter lang und wog 4,5 Tonnen. Erstmals wurde bei einem motorisierten Straßenfahrzeug eine vollständig geschlossene und mit Fenstern versehene Karosserie verwendet, in ihr fanden außer dem Fahrer acht Passagiere Platz. Neben zwei Scheinwerfern tauchte zum ersten Mal auch ein Rückspiegel auf. In der Kabine befanden sich über der Hinterachse zwei Dampfmaschinen, von denen jede ein Hinterrad antrieb. Das reichte für eine Höchstgeschwindigkeit von 10 km/h. Auch Archer und Hall bauten ein Dampffahrzeug.

Wilhelm Maybach

'Gründerjahre' im Deutschen Reich: die Brüder Gustav und Eugen Langen gründeten zusammen mit Nikolaus Otto die 'Gasmotorenfabrik Deutz AG'. Sie ernannten Gottlieb Daimler zu ihrem Direktor. Der kam zusammen mit seinem Freund, dem berühmten Konstrukteur Wilhelm Maybach (1846 - 1929). Daimler hatte viele Jahre im Ausland verbracht, darunter auch bei Whitworth.

Siegfried Marcus soll einen mit einem Zweitaktmotor betriebenen Wagen gebaut haben.

Eine Virusseuche raffte ein Viertel des amerikanischen Pferdebestandes dahin, die Industrie litt schwer darunter. Alternative Energiequellen wurden nun interessant, beispielsweise der Verbrennungsmotor, für den George Bailey Brayton in Boston, MA, ein Patent erhielt und an dem er seit 1864 gearbeitet hatte. G.W. Fitts aus Philadelphia, PA, baute den Dampfwagen '*America*'.

1873

Die Weltwirtschaftskrise führte zum großen 'Krach' in Deutschland, als Christian Reithmann in München einen mit Petroleum betriebenen Zweitaktmotor selbst entwickelte. Julius Söhnlein (1856 - 1941) aus Wiesbaden soll mit einem kleinen Karren, den er mit einem Verbrennungsmotor angetrieben hatte, experimentiert haben. Den Motor meldete er 1893 zum Patent an.

Auf der Weltausstellung in Wien war zwar der Dampfwagen des Belgiers Bède, doch der Wagen von Marcus fehlte. Die Behörden sollen ihm die Benutzung untersagt haben. Trotzdem sei er mit diesem, erwiesenermaßen nur für kurze Strecken geeigneten Vehikel, nachts, und das ohne Scheinwerfer, von Wien ins 24 km entfernte Klosterneuburg gefahren.

In Marseille konstruierte D. Stapfer ein Dampftricycle, das sehr leicht beherrschbar war und 12 km/h erreicht haben soll.

Amédée Bollée (1844 - 1916), ein Glockengießer aus Le Mans, baute zusammen mit seinem ältesten Sohn Amédée (1867 - 1926) seinen ersten Dampfwagen: *'L'Obéissante'*. Der Aufbau des Dampfbusses war richtungsweisend. Die zentral eingebaute V-Dampfmaschine hatte Kettenantrieb zur Hinterachse. Trotz eines Gewichtes von 4,8 t war das Gefährt dank Einzelradaufhängung der Vorderräder und einer Ackermann-Lenkung leicht zu beherrschen, daher auch der Name 'die Gehorsame'. 12 Passagiere fanden Platz und mit der 15 PS starken Maschine wurden 40 km/h erreicht. Der Verbrauch betrug 14 Liter Wasser und 2,5 kg Kohle pro Kilometer, ein vergleichsweise günstiger Wert. *'L'Obéissante'* war auf der Basis eines großen Jagdwagens gebaut, und die Reisenden wurden durch Vorhänge vor dem Straßenstaub geschützt. Am 26. März erhielt Bollée die Erlaubnis, mit dem Wagen auf öffentlichen Straßen zu fahren. Bei der Fahrt waren auch seinen beiden anderen Söhne dabei: Camille und Léon (1870 - 1913), der 1889 eine Rechenmaschine erfand.

Léon Bollée

Amédée Bollée jun.

Der Italiener Riva behauptete, er hätte einen Dampfwagen gebaut, dessen Boiler so schwach gewesen sei, daß er nicht schneller als 6 km/h fahren konnte. Eine Dampfzugmaschine von 'Aveling & Porter' wurde nach Rom exportiert. - Unklar ist, ob Leonard Anderson aus Painesville, OH, einen Dampfwagen konstruiert hat, es gibt einige Widersprüche in diesem Fall. Brayton versuchte, seinen Motor in den Wagen einer Firma aus Providence, RI, einzubauen. Mit dem Fahrzeug sollte dann ein Fahrdienst von Providence nach Cranston eingerichtet werden – was allerdings am Einspruch der Behörden scheiterte. Durch diese Streitigkeiten wurde der Rechtsanwalt George B. Selden auf den Motor aufmerksam.

'L'Obéissante'

1874

Jacquemin aus Morez im französischen Jura soll in diesem Jahr einen Dampfwagen gebaut haben. Inzwischen war René Panhard, Sohn eines Kutschenbauers, der neue Partner von Perin. Panhard wurde Werksleiter und kümmerte sich zudem um das Kaufmännische. So kaufte er auch eine Lizenz zum Bau des Otto-Motors. H. Mackenzies kleiner Dampfwagen hatte eine Zweizylinderdampfmaschine mit zwei Fahrstufen. Das Fahrzeug bot vier Personen Platz.

1875

Jacques van Leisen testete ein Dampfdreirad in Genf. Bollée entschloß sich, mit seinem Dampfwagen nach Paris zu fahren, wofür er am 5. Juni den Verkehrsminister um Erlaubnis bat, die er am 26. August erhielt. Doch erst Mitte Oktober ging die Fahrt los, die von Le Mans über Chartres, Albis, Limours und Orsay nach Paris führte. Am Samstag den 16. Oktober um 14:30 Uhr traf *'L'Obéissante'* am Bois de Boulogne ein. Für die 230 km lange Strecke benötigte sie 18 Stunden. Die Belohnung für das Abenteuer war ein triumphaler Empfang in Paris und nach der obligatorischen Stadtrundfahrt wurde Bollée in die Akademie der Wissenschaften aufgenommen. Bald gab es Chansons und Theaterstücke über *'L'Obéissante'*.

René Panhard

In Paris trafen sich René Panhard und Emile Levassor (1844 - 1897) zum Abendessen. Levassor arbeitete bei dem belgischen Dampfmaschinenhersteller John Cockerill[30], der Otto-Motoren in Lizenz baute. Aus diesem Treffen sollte sich bald eine erstaunliche Partnerschaft entwickeln.

Otto hatte in Deutschland bereits im Jahre 1887 Motoren verkauft.

Der erste ungarische Dampfwagen stammte von Ferenc Preiner. Das kleine Dreirad hatte zwei Sitze unter einem Baldachin. Siegfried Marcus baute in das Fahrgestell von

Emile Levassor

Dampfwagen von Preiner.

1872 einen wassergekühlten Einzylinder-Viertaktmotor ein, der 0,75 PS leistete. Jacob Warchelowsky aus Wien baute den Motor und 'Märky, Bromovsky & Schulz' mieteten die 'Maschinenfabrik Lichtenstein' in Adamov bei Brün, in der das Fahrzeug dann gebaut wurde. Der Wagen überstand den II. Weltkrieg eingemauert im Technischen Museum in Wien. Am 16. April 1950 fuhr der restaurierte Wagen erfolgreich.

In Amerika testete das 'Congressional Committee on the Horseless Carriage' Braytons Motor. Zwar zeigte man sich von seinem Potential beeindruckt, doch warnte das Committee "*... er würde die Atmosphäre vergiften.*" Die Kongressmitglieder zeigten eine enorme ökologische Weitsicht. Weniger Weitsicht hingegen bewies der Leiter des Amerikanischen Patentamtes. Er reichte seinen Rücktritt ein und empfahl, das Amt zu schließen, da es seiner Meinung nach nichts mehr zu erfinden gäbe.

R. Neville Grenville aus Glastonbury konstruierte einen schweren, dreirädrigen Dampfwagen. Das Fahrzeug war für sieben Passagiere ausgelegt, neben dem Fahrer in der Mitte saß rechts der Bremser. Die Scheibenräder waren aus eisenarmiertem Teakholz und die Karosse bestand aus Mahagoni. Bei einer Testfahrt 1946 erreichte das dreirädrige Monster eine Geschwindigkeit von 25 km/h.

Der Marcus-Wagen von 1872.

Der 'Grenville'.

1876

Nikolaus Otto und Gottlieb Daimler erhielten ein weltweites Patent für ihren Viertaktmotor. Der 'Ottomotor' aus der 'Gasmotorenfabrik Deutz' verhalf seinem Schöpfer zu Weltruhm. In Frankreich nahm man allerdings Ottos Patent nicht allzu ernst. Lenoir, Mignon und die Brüder Rouart [31] verkauften ihre Motoren ohne Lizenz. 'Perin-Panhard & Co.' bauten in diesem Jahr acht Otto-Motoren. Eugène Barsanti und Felix Matteucci stellten einen atmosphärischen Gasmotor vor, der dem von Otto sehr ähnlich war, den sie aber schon 1857 beschrieben hatten.

Bollée konstruierte mit Dalifol[32] und Henri Tenting (†1906)[33] einen großen, dampfbetriebenen Trambahnwagen. In Paris fuhr auch eine Dampfkutsche von Bollée, bei der zwei der vier Räder von je einer Zweizylindermaschine angetrieben wurden. Beim Kurvenfahren wurde der Dampf für das jeweils kurveninnere Rad abgesperrt. Das Wasser wurde in den 194 Hängerohren des Boilers erhitzt. Vollbesetzt mit 12 Passagieren und vollem Kohle- und Wasservorrat wog die Dampfkutsche 4,8 to. 600 Liter Wasser und 80 kg Kohle wurden pro Stunde für eine Spitzengeschwindigkeit von 20 km/h benötigt, dabei betrug die Leistung der Maschine 13 PS. Der Brennstoff kostete für eine Fahrt 3,2 Mark, das war nach Meinung zeitgenössischer Tester sehr preiswert.

Der 'Pyott'.

Der Belgier Palmers de Groote behauptete 1906, er hätte in diesem Jahr einen Dampfwagen gebaut. In Pittsburgh, PA, entwarf Isaac Mills jr. ein Dampffahrzeug, das er aber aufgrund von Problemen mit der Lenkung nicht lange fuhr. Bei den 'Baldwin Lokomotive Works' in Pittsburgh, PA, wurde für $ 2.200 der Dampfwagen *'Pyott Steam'* gebaut. Seine Konstrukteure waren: L.T. Pyott, F.A. Morse und Willam Devine. Der *'Pyott'* hatte sieben Sitze, einen rückwärtig montierten Boiler und eine sensationelle Neuerung: eine Vierradlenkung!

Wilhelm Maybach besuchte als Vertreter der Firma 'Otto' die Weltausstellung in Philadelphia. Dort stellte Brayton seinen von der 'Pennsylvania Ready Motor Company' gebauten Motor aus. Der 'Ready'-Motor war in einer Minute einsatzbereit, wurde mit Kohlenwasserstoff betrieben und leistete 10 PS. 'Dinglers Polytechnisches Journal' urteilte über den $ 1.000 teuren Motor, er wäre effizienter als der von Otto und dem des Wieners Julius Hock sehr ähnlich.

1877

Otto erhielt in den USA ein Patent auf seinen Motor. Der erste kalifornische Dampfwagen war der '*Argonaut*' von J.W. Wilkins aus San Francisco. Colonel Albert A. Pope (1846 - 1918), der mit seinen Ersparnissen aus dem Bürgerkrieg die 'Pope Mfg.' für Pistolen in Hartford, CT, gegründet hatte, baute mit Hilfe von Pierre Lallement das erste 'Columbia'-Fahrrad.

Die Schweizer Ingenieure Peter Thury und James Nussberger stellten in Genf ihr Dampftricycle vor. Rahmen und Drahtspeichenräder waren vom Fahrrad inspiriert, Fahrer und Chauffeur saßen dos-à-dos (=Rücken an Rükken). Der kleine Wagen soll erstaunliche 50 km/h erreicht haben.

In England schlossen sich über 1.000 Dampfschlepperbesitzer zur 'National Association of Agricultural Locomotive Steam Engines' zusammen, um gemeinsam gegen den 'Red Flag Act' zu kämpfen.

Col. A. A. Pope

Thury und Nussberger.

1878

Die Schweizer Ingenieure Albert Schmid[34] und P. Huber fuhren mit ihrem dritten, betriebssicheren Dampfwagen nach Paris zur Weltausstellung. In sieben Tagen legten sie mit dem 6,4 Tonnen schweren Wagen die 500 km lange Strecke von Zürich über Basel und Belfort mit einer Durchschnittsgeschwindigkeit von 20 km/h zurück. Auf der Weltausstellung waren neben den schon bekannten Motoren die Gaskraftmaschinen von Simon aus England und Alexis de Bisshop[35] aus Frankreich zu sehen. Larmanjeat stellte einen Elektromotor vor. Die Bollées präsentierten ihr neues Fahrzeug *'La Mancelle'*[36] mit einer rückwärtig montierten Dampfmaschine, die auf die Hinterachse wirkte. Das Viktoria-Cabriolet bot sieben Passagieren Platz, verfügte über ein Differential und Scheinwerfer. Die Höchstgeschwindigkeit betrug 35 km/h, die Reisegeschwindigkeit noch 28 km/h. Neben einigen Fahrzeugen für Privatkunden[37] verkaufte Bollée auch eine Lizenz an die Berliner Dampfmaschinen- und Lokomotivfabrik von Johann Wöhlert (1797 - 1877). Nach Wöhlerts Tod war die Fabrik in eine AG umgewandelt worden, doch die Aktionäre

'La Mancelle'.

'La Mancelle'

waren gegen das Projekt. Bollée fuhr im Juni bis nach Wien auf der Suche nach Lizenznehmern. Als er im Juli ankam, hatte sein Vertreter d'Ofenheim ganze Arbeit geleistet: *'La Mancelle'* war das Tagesgespräch und es gab sogar Modelle von ihr zu kaufen.

Der Dampfwagen des Franzosen Jacquot blieb ein Einzelstück, er hatte sehr kleine Vorderräder, um das Lenken zu erleichtern. Das Fahrzeug bot sechs Personen Platz. Die Textilmaschinenfabrikanten Frédéric und Charles Diederichs aus Bourgoin bauten ein Dampfdreirad.

In England wurde der 'Highway and Locomotive Amendement Act' eingeführt. Der Mann mit der roten Flagge mußte nun mindestens 18 Meter vor jedem Dampfwagen gehen und der Fahrer konnte zum Schadenersatz für Straßenschäden herangezogen werden.

Sir D. Clerk entwickelte einen Zweitaktmotor und Carl Friedrich Benz experimentierte ebenfalls mit einem solchem Motor, weil er sich die Lizenzgebühren für Ottos Motor nicht leisten konnte. Die erste deutsche Dampfstraßenwalze baute G. Kuhn in Stuttgart. Am 21. Juli erhielten Carl Beck und Gustav Henkel das Patent auf eine Straßenlokomotive mit Differential und Fußbremse. Das Triebrad war für den Betrieb auf schlechten Straßen mit Metallplatten verstärkt. Am 29. August wurde Karl Ofers aus Berlin das Patent auf einen Straßendampfwagen gewährt.

Der Staat Wisconsin hatte einen Preis für den besten Dampfwagen ausgesetzt. Überall in Wisconsin machten sich Erfinder an die Arbeit, um die $ 10.000 Preisgeld zu gewinnen. Der Dampfwagen *'Madison'* von J.E. Baker aus Madison, WI, wurde nicht rechtzeitig fertig, ebensowenig der *'Milwaukee Steamer'* von Dr. Karouse aus Sun Prairie oder das Fahrzeug von John Henry Optenberg.

Der Dampfwagen von Jacquot.

Zum Start am 16. Juli erschienen von den insgesamt sieben gemeldeten Fahrzeugen nur zwei. Prof. Carhart wurde noch überredet, nicht mit seinem Fahrzeug zu starten, so fuhr er auf dem *'Oshkosh'* von Frank A. Shomer,

Amédée Bollée am Steuer von 'La Mancelle'. Wiener Karikatur.

A.M. Farriand, A. Gallinger und J.F. Morse mit. Das Fahrzeug stammte aus Oshkosh, WI, hatte eine Zweizylinderdampfmaschine, einen Vorwärts- und einen Rückwärtsgang. Alle 16 km mußte Wasser getankt werden, so war an das 10.000 Pfund schwere Fahrzeug ein Tender für Brennstoff und Wasser angehängt, um die Versorgungsprobleme während des Rennens zu lösen. Der Konkurrent war der *'Green Bay'* aus Wequiock, WI. Seine Erfinder waren die Brüder Cowles. Auch der *'Green Bay'* hatte eine Zweizylindermaschine. Er wog 14.225 Pfund und hatte drei Vorwärtsgänge und einen Rückwärtsgang. Trotz des höheren Gewichts war er das schnellere Fahrzeug. Kurz nach dem Start um 11 Uhr morgens in Fort Howard mußten beide Fahrzeuge eine Sonderprüfung im Pflügen ablegen. Danach ging es hauptsächlich auf unbefestigten Straßen, über Sand und Kies ins 330 km entfernte Madison. Der *'Green Bay'* lag bald in Führung, doch plötzlich brach er in einen Abwasserkanal ein und blieb stecken. Als das Fahrzeug wieder befreit war, mußte es langwierig repariert werden. Nach 201 Meilen, 33 Stunden und 27 Minuten erreichten Shomer und Farriand auf dem *'Oshkosh'* Madison als Sieger. Ihre Durchschnittsgeschwindigkeit lag bei 9,9 km/h und ihr Vorsprung vor dem *'Green Bay'* betrug sechseinhalb Stunden. Es folgten heftige Auseinandersetzungen um das Preisgeld, denn keines der Fahrzeuge war praktisch oder billig. Schließlich wurden $ 5.000 an die Gewinner ausgezahlt.

James B. Bary aus Waverly, NY, baute einen Dampfwagen und James A. Fawcett, der Besitzer einer Omnibuslinie in Pittsburgh, PA, bot Brayton an, dessen Motor in seine Busse einzubauen. Die Behörden verweigerten Fawcett allerdings die Betriebserlaubnis für so ein Fahrzeug.

1879

Dampftricycle von Perreaux.

Guillaume Perreaux erhielt das Patent auf ein Dampftricycle. Die Basis bildete wieder ein Michaux-Fahrrad und die Dampfmaschine befand sich zwischen den Hinterrädern.

Am 25. Oktober stellte Amédée Bollée zusammen mit Le Cordier, einem Ingenieur der Bergbaugesellschaft von Ax-sur-Ariège, den schweren Dampfschlepper *'Marie-Anne'* vor. Die beiden Hinterachsen des dreiachsigen und 20 Tonnen schweren Schleppers wurden angetrieben. Man begann mit Versuchen, vier je 6.500 kg schwere Anhänger zu ziehen, dann folgten Versuche mit schweren Belagerungsgeschützen. Im November gingen die Bollées auf eine 760 km lange Fernfahrt von Le Mans über Tours und Limoges, von da folgte man der heutigen N 20 nach Ax-sur-Ariège. Dort traf man am 22. November abends um 6 Uhr ein. Die Fahrt mit *'Marie-Anne'* dau-

'Marie-Anne'.

erte 74 Stunden und die Höchstgeschwindigkeit betrug 30 km/h. *'Marie-Anne'* wurde danach von der Bergbaugesellschaft zum Erztransport eingesetzt.

Giuseppe Murnigotti baute in Italien ein mit Ottomotor betriebenes Fahrzeug. Harry John Lawson [38] (1852 - 1925) erhielt das Patent für den Kettenantrieb [39] von Fahrrädern. Lawson hatte 1868 Thomas Humber [40] bei der Gründung einer Fahrradfabrik in Beeston geholfen und arbeitete nun bei Rudge, der seinen Entwurf jedoch ablehnte. Starley konstruierte das erste Tricycle mit Differential und B. Blackburn [41] baute einen kleinen Dampfwagen. Der 'Petroleum Act' schränkte in England den Gebrauch gefährlicher Brennstoffe und der damit betriebenen Maschinen ein.

In Rochester, NY, experimentierte der Rechtsanwalt George Baldwin Selden [42] mit einem Motor vom Typ Brayton. Er wollte ihn in ein Fahrzeug einbauen, änderte seine Pläne immer wieder und erst 1895 erhielt er das Patent auf sein Fahrzeug (➤ S. 98). Lucius B. Packard [43] begann mit dem Bau von Fahrrädern in Salem, MA.

In der Silvesternacht lief der Zweitaktmotor von Carl Benz nach vielen vergeblichen Versuchen zum ersten Mal in seiner Mannheimer Werkstatt.

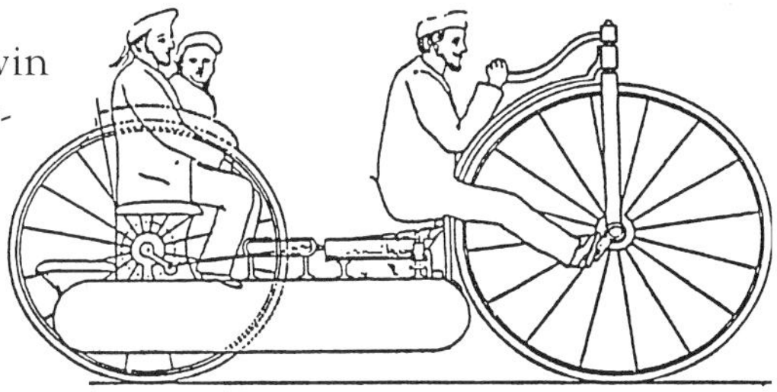

Fahrzeug von Murnigotti.

Der Selden-Patentwagen.

Dampfdreirad von Long.

George Alexander Long [44] aus Northfield, MA, baute die Dampfmaschine für sein Fahrzeug selbst. Mit der Maschine ging er zu Popes Fahrradfabrik 'Columbia' in Hartford, CT, bei der er das passende Tricycle kaufte. Long kannte Ropers Fahrzeug vom Jahrmarkt in Brattlebor, VT. Zwei Jahre später erhielt Long ein Patent für sein Dampfdreirad. Pope kaufte in diesem Jahr zwei seiner Zulieferfirmen auf: die 'Weed Sewing Machine Company' und die 'Hartford Rubber Company'. Er vergrößerte seine Fahrradproduktion so sehr, daß er nach und nach 45 Fahrradhersteller aufkaufte, die den Grundstock für sein Automobilimperium von 1904 - 1914 bildeten.

Herman Saroni und Henry Bonn aus St. Paul, MI, bauten einen Dampfwagen, und John Clegg, der seine Ausbildung noch in England erhalten hatte und ein Partner von Lucius Day Copeland war, konstruierte mit seinem Sohn Thomas in Memphis, MI, einen Dampfschlepper. Die längste Fahrt dieses Fahrzeuges ging über 23 km im Jahr 1884. William Siefker aus Seymour, IN, verwendete zwei Maschinen für seinen Dampfwagen, von denen jede eine Achse antrieb und Simon Ingersoll soll einen weiteren Dampfwagen gebaut haben. Die 'Herreshoff Engine Co.', die ursprünglich Boote in Detroit, MI,

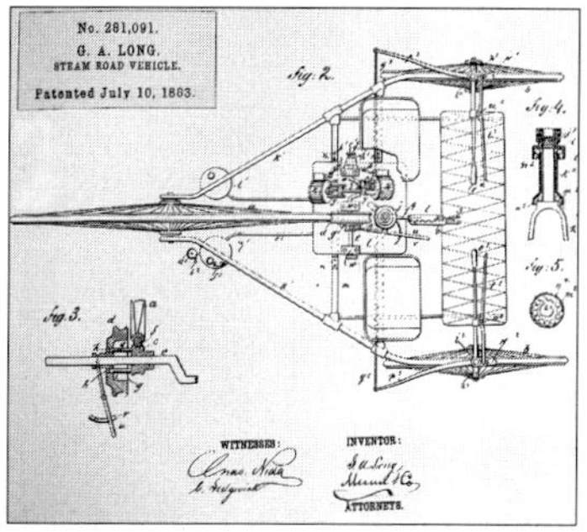

Patentschrift von Long.

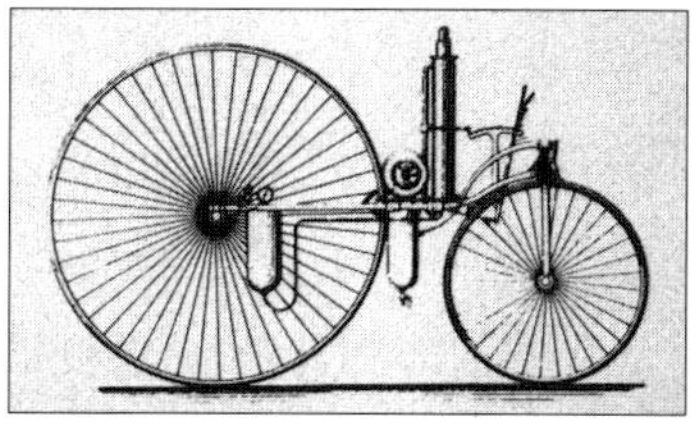

Longs Dampftricycle.

'La Mancelle' in Berlin.

'La Nouvelle'.
Mit der Nummer 24 startete der Dampfwagen am 11. Juni 1895 beim Rennen Paris-Bordeaux.

fertigte, stellte in Bristol, RI, einen Steambuggy mit Kohlenfeuerung vor. Die längste Fahrt ging über 10 km von Bristol nach Barrington. Mit der Bolléeschen Dampf-Calesche *'La Mancelle'* wurde in Berlin ein Omnibusservice eingerichtet. Der Kohlevorrat reichte für acht Stunden, bei Höchstgeschwindigkeit immer noch für sieben Stunden. Entsetzte Berliner riefen: "Sie haben ja die Pferde vergessen!" Doch die Enthusiasten jubelten: "Bald werden die Straßen unserer großen Städte eine ganz andere Physiognomie erhalten, das edle Roß verschwinden und der Dampf die Herrschaft an sich nehmen."[45] Der Preis für eine *'La Mancelle'* betrug 10.000 Mark. Bollée baute sein neues Modell *'La Nouvelle'*. Spötter nannten das Fahrzeug schnell *'Grand Mère'*. Der Fahrer saß geschützt vor der Witterung im Kutschenaufbau, während der Heizer im Freien stand. Nach 20 Minuten Anheizzeit standen 15 PS zur Verfügung und mit acht Passagieren an Bord erreichte *'La Nouvelle'* ein Tempo von 45 km/h. Der Wagen nahm noch 1895 an der Wettfahrt Paris-Bordeaux teil; er benötigte für die Strecke von 1.190 km 89 Stunden 45 Minuten.

Camille Tucherer (†1922) soll in diesem Jahr in Deutschland einen Motorwagen gebaut haben und eine erfolgreiche Ausfahrt bei Chemnitz unternommen haben. Er ließ den Wagen nicht patentieren.

Der Elektroingenieur Emile Mors, der später für seine gewaltigen Rennwagen[46] berühmt wurde, präsentierte den ersten von insgesamt sieben seiner Dampfwagen in Paris. Das Fahrzeug wurde mit flüssigem Brennstoff befeuert. Gustave Trouve begann mit dem Bau von Elektrofahrzeugen. Er hatte bereits 1872 eine Batterie erfunden und verbesserte später Bells Telefon.

1881

Nicolaus-Jules Raffard[47] (1824 - 1898) baute im April ein Tricycle mit Elektromotor. Die Batterien stammten von Camille Faure, der sie im November zuvor hatte patentieren lassen. Der Kutschenbauer Charles Jeantaud[48] verwendete für sein Elektromobil 21 Batterien von Faure und Reynier. Sie mußten alle 25 km aufgeladen werden. Bei der ersten Probefahrt kam es schon nach wenigen hundert Metern zu einem Kurzschluß und das Fahrzeug blieb mitten auf der Rue de Pont-aux-Choix stehen. Jeantaud verwendete einen Motor von Gramme, der 1887 durch einen von Immisch ausgetauscht wird, noch später durch einen von Thury aus Genf. Der Industrielle Ernest Archdeacon (1863 - 1957) war ein begeisterter Beifahrer von Jeantaud.

Der aus Culoz stammende Schmiedsohn Léon Serpollet (1858 - 1907) begann in seiner Werkstatt in Paris mit dem Bau seines ersten Dampfwagens. Mit dem von ihm entwickelten Blitzkessel war das Fahrzeug in weniger als einer Minute einsatzbereit, im Gegensatz zu den etwa 40 Minuten, die ein großer Dampfwagen zum Vorheizen benötigte. Serpollet zerstäubte dazu Wasser über petroleumbeheizten Röhren. Der junge Louis Renault [49] (1877 - 1944) besuchte ihn oft in seiner Werkstatt und entdeckte so seine Leidenschaft für das Automobil. Die längste Ausfahrt Serpollets ging über 25 km. Die Bollées bauten zwei weitere Dampfkutschen, eine für Lasten und eine für den Postdienst. Als der berühmte Spieler und Duellist Comte Jules-Félix-Philippe Albert de Dion [50] (1851 - 1946) im Schaufenster von Giroux auf dem Boulevard des

Der Elektrowagen von Jeantaud.

Léon Serpollet

Louis Renault

Comte de Dion

Eine Dampfkutsche von Bollée.

Georges-Thadée Bouton

Charles-Armand Trépardoux

Edourad Delamare-Deboutteville

Italiens in Paris das Modell einer Dampfmaschine sah, war er davon so fasziniert, daß er unbedingt die Bekanntschaft der Erbauer suchte. In ihrer neu gegründeten Werkstatt fand er die beiden: Georges-Thadée Bouton (1847 - 1938) und seinen Schwager Charles-Armand Trépardoux aus Clingancourt. Eigentlich hatte de Dion nur ein ausgefallenes Geschenk für ein Fest mit seinen adeligen Freunden gesucht, doch im Verlauf des Gesprächs reifte der Entschluß, gemeinsam einen Dampfwagen zu bauen. De Dion hatte in seiner Jugend in Nantes schon erste Industrieerfahrungen gemacht und die Mechaniker hatten zuvor schon mit Dampfwagen experimentiert, nun will man ein Dampffahrzeug für Handelsvertreter konstruieren.

Der Spinnereibesitzer Edouard Delamare-Deboutteville (1856 - 1901) aus Rouen montierte zusammen mit seinem Mechaniker Léon Paul Charles Malandin (1849 - 1918) einen Lenoirmotor in ein Tricycle mit zwei Sitzen.

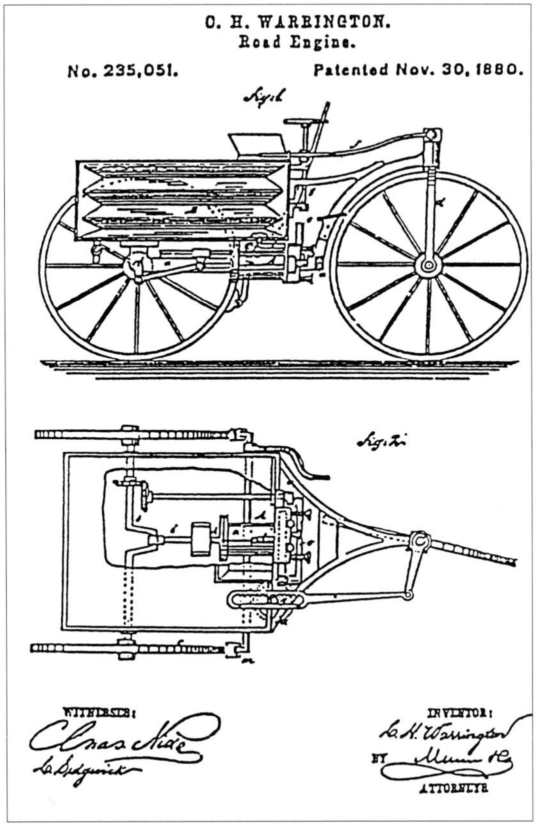

Patentschrift von Curtis Warrington.

In Berlin fuhr die Straßendampfwalze *'Cyclop'* der Maschinenfabrik 'Mehlis & Behrens'.

Lucius Day Copeland rüstete in Phoenix, AZ, ein Fahrrad mit einen Elektromotor aus. Das Gefährt funktionierte so miserabel, daß er sich der Dampftechnik zuwandte. Wie Long bereits ein Jahr zuvor, motorisierte er ein Columbia-Fahrrad von Pope. Nach wenigen Fahrversuchen kam er zu dem Ergebnis, daß dieses Fahrrad viel zu gefährlich sei, also nahm er ein Star-Fahrrad von Smith als Basis. Auf dieses 25 km/h schnelle Gefährt erhielt Copeland ein Patent.

Curtis H. Warrington aus West Chester, PA, versuchte, sein Fahrzeug im großen Stil zu vermarkten. In Prospekten bot er das Tricycle für $ 650 an, das wäre der Preis für ein gutes Paar Pferde und die Fahrtkosten würden nur 10 cents pro Stunde betragen. Der Verbrennungsmotor wurde mit Leuchtgas betrieben und Warrington versprach, sein Wagen könne zwei Stunden mit bis zu 30 km/h fahren. Warrington war allerdings ein kranker Mann und konnte daher seine Pläne nicht weiter verfolgen.

1882

Am 29. April fuhr in Berlin ein elektrisch betriebener Jagdwagen von 'Siemens & Halske' auf der Strecke Charlottenburger Pferdebahnhof – Spandauer Bock. Wie heutige O-Busse hatte er einen Stromabnehmer für die über der Strecke gespannte Stromleitung. Wegen der schlechten Straßenverhältnisse kam es aber zu Kurzschlüssen und die Versuche wurden eingestellt.

Der Berliner Ingenieur W.R. Rowan baute in Hamburg einen Dampfwagen mit zwei Drehschemeln.

Im Oktober gründete Carl Benz zusammen mit sieben weiteren Aktionären, darunter dem Hofphotographen Emil Bühler, die 'Mannheimer Gasmotoren A.G.'. Sein verbesserter Gasmotor verkaufte sich so gut, daß er 40 Arbeiter beschäftigten mußte, um genügend produzieren zu können. Emil Roger (†1897) vertrieb den Motor sogar in Frankreich.

Radcliff Ward baute in London ein Elektrofahrzeug mit seiner 'Ward Electric Car Company' und im Oktober fuhr Professor Ayrton mit seinem Elektrotricycle durch London. Die Akkumulatoren von Camille Faure waren so

Der Elektrowagen von Siemens.

stark, daß neben dem Elektromotor von Perry auch noch ein elektrischer Scheinwerfer angetrieben werden konnte. Parkyns soll mit einem motorisierten Fahrzeug experimentiert haben.

In New York baute Edison das erste Elektrizitätswerk der Welt, und in Boston, MA, soll ein Elektrowagen, der acht Passagiere befördern konnte, gefahren sein. Die Reichweite einer Batterieladung lag bei 70-90 km und die Geschwindigkeit soll 25 km/h betragen haben.

1883

Im Januar überwarf sich Benz so sehr mit seinen Mitgesellschaftern – man stritt sich über den Bau eines Automobils – daß er seine eigene Firma verließ. Zusammen mit Max Rose und Friedrich Wilhelm Esslinger gründete er die Firma 'Benz & Co., Rheinische Gasmotorenfabrik, Mannheim'.

Auch Gottlieb Daimler hatte nach vielen Streitigkeiten mit Otto die Firma in Deutz verlassen und begann im Gartenhaus seiner Villa in Bad Cannstatt mit dem Motorenbau. Am 22. Dezember erhielt er das Patent auf einen schnellaufenden Verbrennungsmotor, der 800 Upm schaffte und mit einem Glührohr gezündet wurde. Die Motorenteile ließ er bei dem Glockengießer und Feuerspritzenfabrikant Heinrich Kurz anfertigen.

Söhnlein experimentierte mit hochverdichtenden Ölmotoren.

E. Scott Callihan kam als Siedler nach Woonsockett, SD. Weit entfernt von der nächsten Stadt baute er in seinem Blockhaus ohne fremde Hilfe einen kleinen Dampfwagen, der, mit Kerosin befeuert, 25 km/h erreichte. Er fuhr damit regelmäßig die 33 km lange Strecke nach Woonsockett. In Chicago entstanden die ersten Hochhäuser, als in Lima, OH, Adelbert Brown Coe einen dreizylindrigen Dampfwagen, der 20 km/h schnell war, entwarf. Die Brüder Charles R. und Frederick H. Piggins aus Racine, WI, konstruierten ebenfalls einen Dampfwagen. [51]

De Dions erster Dampfwagen.

De Dion zog mit seinen neuen Partnern in ein neues Haus mit großem Garten in einer der besseren Pariser Gegenden. Dort entstand der *Typ I* aus vielen Fahrradteilen. Das Fahrzeug hatte Tanks für 80 Liter Wasser und 30 kg Kohle. Das sollte für eine 20 km lange Fahrt mit bis zu 40 km/h genügen. Der Kessel war zwischen den größeren Vorderrädern angebracht und über der Hinterachse befand sich eine Sitzbank für zwei Personen. Nach einigen Tests im Garten, wagte sich de Dion auf die Straße. Als er durch die Porte-Maillot fuhr, sahen ihn einige Freunde, die schockiert waren. Am Ende überwarf sich de Dion sogar mit seiner Familie, um weiterhin Autos bauen zu können. Ein

Käufer für das Gefährt ließ sich aber nicht finden.

In Montgrimont motorisierten Delamare-Deboutteville und Malandin einen Wagen, der den Gasvorrat für seinen Verbrennungsmotor in zwei Behältern mitführte. Das Gas hatte einen Druck von 10 bar. Als die Beiden ihr Dreirad in Fontaine-le-Bourg ausprobierten, lösten sie einen Menschenauflauf aus.

De Dions Dampfwagen von vorn.

1884

Am 12. Februar erhielten Edouard Delamare-Deboutteville und Léon Malandin das Patent für ihr Automobil. Den Simplex-Motor hatte Thomas Powell aus Rouen gebaut. Der Viertaktmotor besaß 2 Zylinder und einen Hubraum von 4,4 Litern. Bei 16 Upm leistete er 6 PS. Diesen Motor bauten sie in einen Kutschenwagen ein, doch die starken Motorvibrationen zerstörten das Chassis. Mit einem weiteren Fahrzeug unternahmen sie erfolgreiche Testfahrten in der Umgebung von Rouen. Sie setzten ihre Experimente bis 1890 fort.

In Boulogne-sur-Seine begann H. Tenting mit dem Motorenbau. Der Pariser Zahnarzt Touzé ließ sich von Virot aus Lyon ein Dampftricycle anfertigen. Bei de Dion arbeitete nun auch ein Freund von Trépardoux, der Mechaniker Mérelle. Zusammen konstruierten sie ein Dampftricycle, den *Typ II*. Die Basis bildete dieses Mal ein Rudge-Fahrrad, das Munier gehörte. Es wurde mit einer Zwei-Zylinderdampfmaschine, die 12 PS leistete und nur ein Hinterrad antrieb, ausgerüstet. Die 50 kg schwere Einheit von Kessel und Motor war vor dem Fahrer

Modell des Automobils von Delamare-Deboutteville und Malandin.

De Dion vom Typ II.

angeordnet. Das 30 km/h schnelle Gefährt hatte zwei Scheinwerfer und Mérelle baute den Einsitzer so um, daß zwei Passagiere dos-à-dos fahren konnten. Die Nachfrage war bald so groß, daß eine neue Werkstatt gefunden werden mußte. In Puteaux stellte Chaumé de la Barré eine Halle zur Verfügung, in die man umzog; dort entstand auch ein neuer Viersitzer.

Der Typ II nach dem Umbau durch Mérelle.

Die Gebrüder Schweikkert aus Höchst erhielten das Patent auf einen von zwei Stahlfedern angetriebenen Wagen, von denen jede stark genug war, das Fahrzeug allein anzutreiben. Daimler und Maybach stellten ihren neuen Motor vor, die berühmte Standuhr. Es war ein stehender, kompakter, schnellaufender Motor. Maybach hatte hier den schon bekannten Oberflächenvergaser zu einem Schwimmvergaser verbessert.

In Horgen bei Zürich begannen die Brüder Meyer mit dem Bau ihres ersten Dampfwagens. Bis 1889 folgten noch vier weitere Fahrzeuge. In Italien konstruierte der in Verona geborene Prof. Enrico Bernadi (1841 - 1919) ein Tricycle[52] mit einem Verbrennungsmotor, der einen Hubraum von 122 ccm hatte und aus dem Jahr 1876 stammte. Sein Sohn Lauro benutzte das Tricycle als Spielzeug. Marcus ließ seine Motoren bei der renommierten Dampfmaschinenfabrik 'Märky, Bromovsky & Schulz' in Lizenz bauen. Er soll auch zwei weitere Fahrzeuge motorisiert haben, von denen er eines in die USA, das andere in die Niederlande verkauft haben soll. Der Engländer Elwell entwarf ein Elektromobil.

De Dion in seiner Fabrik.

Der Niederländer Andrew Lawrence Riker (1868 - 1930) begann in New York mit einem Elektrowagen seine Karriere als Automobilbauer. In Syracuse, NY, konstruierte Fred G. Brower aus einer leichten Kutsche ein Elektrofahrzeug für seine Tochter. Der Fahrradhersteller Edwin F. Brown behauptete, er hätte das erste Dampffahrzeug[53] in Chicago, IL, gebaut. Über den Dampfwagen von J.H. Roberts aus Providence, RI, ist nichts weiter bekannt. Dies gilt

Dampfwagen der Gebrüder Meyer aus Horgen.

auch für das Fahrzeug von John Basil Kelly aus Blyth, Ontario, das nach kurzer Zeit wieder zerlegt wurde. John Clegg baute ein dampfbetriebenes Fahrzeug, das er '*The Thing*' nannte. Es hatte eine Reichweite von 23 km mit einer Wasserfüllung und Clegg fuhr es auf über 800 km problemlos. W.E. Schaefer aus Ripon, WI, soll sein erstes Auto vollendet haben und Copeland führte sein mit einer Dampfmaschine ausgerüstetes Star-Fahrrad in seiner Heimatstadt Phoenix, AR, auf der 'Maricopa County Fair' vor. Dann suchte er auf dem 'Mechanics Pavillion' in San Francisco, CA, nach einem Investor für eine Serienfertigung. Er tourte erfolglos zuerst die gesamte Westküste entlang, dann die Ostküste, wo er schließlich Sanford Northrup aus Camden, NJ, traf. Zusammen mit ihm, Starkey und Palen wurde die 'Northrup Manufacturing Company' gegründet. In nur drei Monaten wurde ein neues Dampftricycle mit einer automatischen Kontrolle für Wasserstand und Dampfdruck gebaut, im hohlen Rahmen befanden sich Tanks für Wasser, Öl und Petroleum. Um für das Fahrzeug zu werben, unternahm er eine 200 km lange Rundfahrt bis nach Atlantic City, ansonsten fuhr er es regelmäßig in Fairmont Park, PA.

Nach Plänen von Bernadi gebauter Kleinwagen der Firma 'Miari e Gusti' (1896-1899).

1885

Der Dampfwagen von James Herbert Bullard aus Springfield, MA, war eine interessante Konstruktion: Alle wichtigen Funktionen des mit flüssigem Brennstoff betriebenen Boilers wurden automatisch kontrolliert. Um den Brennstoff optimal zu nutzen, sprühte Bullard ihn fein zerstäubt in den Brenner. A.H. Overman entwarf einen erfolglosen Dampfwagen und Victor L. Emerson behauptete, er hätte ein Fahrzeug mit Verbrennungsmotor gebaut, mit dem er unter anderem eine 45 km lange Fahrt in Cinncinati, OH, unternommen habe. Hezekiah Bradley Smith hatte 1865 Smithville, NJ, gegründet. Dort stellte seine 'Smith Machine Company' das schon erwähnte Star-Fahrrad her. Er kopierte Copelands Fahrzeug, indem er eine Einzylinder-

Das Dampffahrrad von Lucius Day Copeland.

dampfmaschine mit Blitzkessel in ein Tricycle einbaute und patentieren ließ. Auch Palmer soll ein Dampfdreirad mit einer Zweizylindermaschine, die 2 PS leistete, konstruiert haben.

Bollées Dampfkutsche für den Marquis de Broc.

London war die größte Stadt der Welt und die 'London Omnibus Company' verstopfte die Straßen mit ihren 10.000 Pferden und 7.000 Hansoms[54], die von 15.000 Cabmen gefahren wurden. Darüberhinaus unterhielt sie 4.000 Fourwheeler Mietkutschen und 3.000 von Pferden gezogene Omnibusse. Die durchschnittliche Geschwindigkeit der Verkehrsteilnehmer betrug 20 km/h, genau die, die Londons Autofahrer 100 Jahre später auch erreichten. Diese Form der Mobilität führte dazu, daß sich Berge von Pferdemist auf den Straßen türmten und in New York beispielsweise jährlich 15.000 Pferde von Fuhrunternehmern verendeten.

Auf der 'Stanley Motor Show' zeigte Edward Butler aus Erith, Kent, seine Pläne für ein Tricycle mit selbstgebautem Benzinmotor. Er ließ sich das Fahrzeug provisorisch patentieren. John Kemp Starley[55] (*1855) trennte sich von William Suttner, mit dem er in Coventry eine Fahrradfabrik gegründet hatte. Starley begann mit dem Bau von Fahrrädern nach dem Patent von Harry J. Lawson. Dieses erste Sicherheitsniederrad mit gleich großem Vorder- und Hinterrad wurde unter dem Namen 'Rover' vermarktet.

Armand Peugeot (1849 - 1915) hatte den serienmäßigen Fahrradbau in England kennengelernt. Zurück in Frankreich nahm er das Fahrrad Petit Reine in das Produktionsprogramm der 1810 gegründeten Firma 'Les Fils de Peugeot Frères' auf, die neben Werkzeugen, Sägen und Krinolinen auch Kaffeemühlen herstellte.

Armand Peugeot

Die Brüder Edouard und André Michelin entwickelten den Luftreifen und die Bollées bauten drei neue Fahrzeuge. Amédée junior konstruierte ein

Der getestete Dampfwagen von de Dion.

'La Rapide'

Dampftricycle und Vater Amédée verkaufte für 30.000 Francs eine *Diligence à Vapeur* an den Marquis de Broc. Der Pariser Kutschenbauer Mühlbacher[56], der sonst Staatskarossen anfertigte, lieferte die Karosserie für 15 Passagiere. Die einem Postwagen nachempfundene Dampfkutsche war 20 Jahre lang im Einsatz. Für einen Kunden aus Le Mans entwarfen die Bollées den leichten Dampfwagen *'La Rapide'*. Der 1.000 kg schwere Wagen hatte sechs Sitzplätze und die über der Vorderachse eingebaute Maschine trieb über eine Kardanwelle die Hinterräder an. *'La Rapide'* erreichte 60 km/h.

De Dion konstruierte zusammen mit Mérelle einen vierrädrigen Dampfphaëton, den *Typ III*. Die Maschine des in der Rue des Pavillions 20 in Puteaux gebauten Wagens war vollständig verkleidet. Am 7. November stellte de Dion diesen Dampfwagen in der Zeitschrift 'L'Illustration' vor. Die Journalisten lobten die Durchschnittsgeschwindigkeit von 30 km/h und die leichte Beherrschbarkeit des Fahrzeuges: so konnte er auf einer Straße von nur 4 Metern Breite gewendet werden. Der Wagen führte Wasser für 10 und Treibstoff für 30 Lieu (altes franz. Längenmaß; 1 Lieu = 3,898 km) mit sich. Die Journalisten hofften zwar, daß sich das Fahrzeug durchsetzen würde, gaben ihm aber wegen seines hohen Preises nur wenig Chancen.

In Bad Cannstatt montierten Gottlieb Daimler und Wilhelm Maybach einen schnellaufenden Einzylindermotor, der bei 600 Upm 0,5 PS leistete, in ein selbstkonstruiertes hölzernes Fahrrad. Am 10. November unternahm Daimler eine erste Testfahrt mit seinem 12 km/h schnellen Reitwagen von Cannstatt nach Untertürckheim. Weil viele Leute über den ungewöhnlichen Anblick entsetzt waren, wagte es Daimler oft nur bei Nacht, das Fahrzeug zu testen; vor allem seine Söhne Paul und Adam fuhren gern damit, ebenso wie Maybachs Sohn Karl (1879 - 1960).

In seiner Garage im Mannheimer Häuserblock T6, 11 fertigte Carl Benz ein am Fahrrad orientiertes Motor-Dreirad. Er arbeitete meist nach Feierabend und allein an seinem Fahrzeug. Die Drahtspeichenräder hatte er beim Fahrradhersteller Heinrich Kleyer [57] bestellt, für den Antrieb benutzte er eine Weiterentwicklung seines Motors von 1880, der bei 200 Upm 0,6 PS leistete. Der '*T6*' war mit seinem wassergekühlten Einzylindermotor ohne große technische Vorkenntnisse von jedermann zu bedienen. Im Gegensatz zu Daimler verwendete Benz eine elektrische Zündung, so entfiel das lästige Vorglühen mit der Lötlampe. Anfangs war Max Rose von dem Fahrzeug beeindruckt, doch als bei der ersten Probefahrt eine Antriebskette riß, war Rose davon überzeugt, daß der '*T6*' keine Zukunft hätte. Benz blieb unbeirrt; er verstärkte die Antriebskette, aber die nächste Probefahrt im Hof endete an einem Zaun.

Daimlers Motorrad.

Karl Maybach

Der 'T6'.

1886

Der 'Hammelvogen' wurde von Albert F. Hammel bis 1888 täglich die 20 km lange Strecke von Kopenhagen nach Skovshoved gefahren.

Carl Benz erhielt am 29. Januar das Patent für seinen mit Ligroin[58] betriebenen Motorwagen. Nach und nach wagte er sich mit seinem Fahrzeug auf die Straße und unternahm einige erfolgreiche Testfahrten in Mannheim, worüber am 4. Juni und 3. Juli die Zeitung berichtete.

Inzwischen motorisierten Daimler und Maybach eine von 'Wimpff & Co.' gebaute American-Kutsche. Die gebrauchte Kutsche sollte offiziell ein Geschenk an Daimlers Frau sein. Ursprünglich war der Motor nur luftgekühlt, das erwies sich aber als unzureichend, so wurde er nachträglich auf Wasserkühlung umgerüstet.

In Gaggenau soll ein Dampfwagen bei einer Testfahrt verunglückt sein.

In den Niederlanden verkauften Hendrik und Jacobus Spijker,[59] die seit 1880 Kutschen herstellten, Benz-Motoren. In Manchester bauten die 'Crossley Brothers' den Motor von Otto in Lizenz.

Am 30. Januar wurde Ottos Patent vom Leipziger Reichsgericht in einem Prozeß gegen Christian Reithmann und gegen die 'Hannoversche Maschinenbaugesellschaft' für nichtig erklärt. Es folgten noch über 20 solcher Prozesse.

Daimlers Motorkutsche.

Einen davon führte die französische Filiale von Otto gegen Delamare-Deboutteville. Otto verlor und mußte 150.000 Francs d'Or an den Franzosen zahlen. Delamare-Deboutteville war inzwischen ein bedeutender Motorenhersteller und konstruierte eine neue *'Erdöllokomotive'*, wie 'Dinglers Polytechnisches Journal' das Auto damals nannte.

Der De Dion Typ IV.

Marcus ließ sich einen neuen Motor bei 'Märky, Bromovsky & Schulz' bauen, mit dem er ein Fahrzeug antreiben wollte; der Motor hatte aber zu wenig Leistung. Aus Dänemark kam der vierrädrigen *'Hammelvogen'* von Urban Johansen und Albert F. Hammel. Der Antrieb erfolgte über einen Zweizylindermotor. Der Wagen wurde von Hammel jahrelang gefahren. Die Lenkung war gewöhnungsbedürftig; wollte man nach links, mußte man das Lenkrad nach rechts einschlagen und umgekehrt. 1954 vollendete das Fahrzeug den London-Brighton-Run in 12,5 Stunden, die Durchschnittsgeschwindigkeit betrug dabei 7 km/h. Spät in der Nacht kam der Wagen an, so daß die Fahrer die letzten vier Stunden der Fahrt auf die schwache Kerzenbeleuchtung angewiesen waren.

In Winterthur entwarf der gebürtige Londoner Charles Brown[60] (1827 - 1905) ein Dampfdreirad. Die Gebrüder Henriod unternahmen in Biel nächtliche Versuchsfahrten mit ihrem Dampfwagen, und am 16. November fuhr Karl Leeger mit seinem Dampfwagen die 4 km lange Strecke von Tägerwilen nach Emmishofen. In Brüssel erhielt Ferdinand de Hault das Patent für seinen Verbrennungsmotor. Emil Mors baute einen weiteren Dampfwagen und Amedée Bollée unternahm erste Versuche mit Verbrennungsmotoren. Perin starb und seine Firma wurde in 'Panhard & Levassor' umbenannt. De Dion stellte ein Dampftricycle und einen neuen Dog-Cart, den *'Typ IV'*, vor. Nach dem Ausscheiden von Mérelle[61] war der eben erwähnte Schweizer Charles-Edouard Henriod[62] am Bau dieses Quadricycles beteiligt. Gaston Comte de Chasseloup-Laubat[63] fuhr den Dampfwagen sehr gerne.

Comte de Chasseloup-Laubat

Frankreich schenkte den USA die von Auguste Bartholdi und Gustave Eiffel entworfene Freiheitsstatue.

Bullard fuhr mit seinem vollautomatischen Dampfwagen von 1885 durch ganz Massachusetts. Er setzte seine Experimente bis 1900 fort. Die 'Brush Electric Company' baute in Cleveland, OH, ein Elektro-Tricycle, das H. S. Possons entworfen hatte.

Werbung für den Connelly-Bus.

THE CONNELLY MOTOR.

PATENTED.

No Fire! No Smoke! No Dust! No Ashes! No Fireman! No Engineer!

Complete within Itself! Generates its own Power! Perfectly Independent! Can run on any Track!
No Cables, "grips" or expensive conduits.
No "Central Station" for generating power.
No loss of power in transmission.
No dangerous Electric currents.
No tearing up of streets for repairs.
No suspension of traffic for repairs.

The Connelly Gas Motor generates its own gas from Naphtha; **carries a supply for a day's run**, and consumes but **ONE GALLON PER HOUR.**

It excels all other motors in **ECONOMY** and **CONTROLLABILITY**, and stands alone in its **INDIVIDUALITY**

The daily expense of operating a road with these motors **IS IN EXACT PROPORTION TO THE NUMBER OF MOTORS IN USE**, which cannot be said of any Cable or Electric system.

The cost of equipping a road with them is about **ONE-HALF** the cost of any Electric system, and less than **ONE-FOURTH** the cost of any Cable system.

The cost of operating, including Fuel, Lubrication, Care, Repairs and Royalties, will not exceed $2.00 per day, being about **HALF** the cost by Cable or Electricity.

Any road can adopt these motors without making any change in their system, without interruption to their business, and without risking any investment in special plant, as a few motors can be put into use along with the Horse-cars, and the number gradually increased.

All companies desiring to abandon the use of horses should examine fully into the merits and peculiar advantages of our system, before making any contracts, as it is the only system that can be applied with equal economy on both large and small roads.

All parties interested in street or suburban roads are requested to correspond with us.

THE CONNELLY MOTOR CO., 177 BROADWAY, NEW YORK CITY.

John Clegg konstruierte sein letztes Dampffahrzeug, und die Zwillinge Francis und Freeland O. Stanley[64] inspizierten in Lewiston, ME, einen Dampfwagen, den Edwin F. Field und Frank Crabshaw entworfen hatten. Um die Proteste entsetzter Bürger zu vermeiden, konnten sie das Fahrzeug nur am frühen Morgen testen. Die Stanleys bauten kurz darauf ihren ersten Dampfwagen, der aber nur schlecht funktionierte.

In Rochester, NY, rüstete die 'Connelly Motor Co.'[65] einen ihrer Busse mit einem Motor von Brayton aus. Er wurde in Brooklyn vorgeführt. In Flint, MI, gründeten die Freunde Josiah Dallas Dort und William Crapo Durant (1860 - 1947), der 1908 General Motors schuf, die 'Flint Road Cart Company'.

Matter soll einen Verbrennungsmotor gebaut haben.

Um die maroden englischen Straßen zu verbessern, schlossen sich Fahrradfahrer zur 'Road Improvement Society' zusammen.

Louise Sarazin

1887

Carl Benz verbesserte ständig sein Dreirad. Durch die Verwendung stabilerer Holzspeichenräder mit Gummibelag anstatt der bisherigen Drahtspeichenräder, sah dieser *'Typ II'* nun viel plumper aus. Als nächstes erhielt die *'Benzine'* ein Verdeck. Drei Modelle hatte Benz inzwischen gebaut, das erste verkaufte er an seinen Pariser Agenten Emile Roger. Daraus entwickelten sich die *'Roger-Benz'*, die mit geringem Erfolg bis 1896 verkauft wurden.

O. Blessing aus Rednitz bei Leipzig erhielt ein Patent für Verbesserungen an Motorwagen. Daimler entwickelte sein Fahrzeug soweit, daß er ein Leistungsgewicht von 40 kg/PS erreichte. Sein Agent in Frankreich war Edouard Sarazin, der auch Vertreter der Firma Deutz war. Sarazin suchte jemanden, der Daimlers Motoren in Lizenz baute, so wandte er sich an einen gemeinsamen Bekannten: Emile Levassor. Als Sarazin im Dezember starb, erhielt seine Frau Louise die Lizenz zum Bau der Motoren.

Comte de Dion gründete die Zeitschrift 'Vélocipède' und organisierte zusammen mit dem Herausgeber Fossier das erste Straßenrennen für Automobile in Paris, bei dem als einziger Starter Georges Bouton auf einem Quadricycle vom *'Typ III'* erschien. Er beschleunigte den Wagen mit dos-à-dos Sitzanordnung auf 60 km/h. Plötzlich schrien die Zuschauer entsetzt auf, denn Bouton raste mit Höchstgeschwindigkeit auf das geschlossene Tor am Bois de Boulogne zu, erst im allerletzten Moment schaffte er noch eine Vollbremsung. Die restliche Fahrt nach Versailles und zurück verlief ohne Zwischenfälle.

Das verbesserte Benz-Dreirad.

Edouard Sarazin

Sarcia und Mousette rüsteten eine Victoria-Kalesche mit einem Elektromotor aus. Die Elektrokutsche erreichte 30 km/h. Lenoir schlug einen Traktor mit seinem Motor vor und Rouart ein Motorboot. Serpollet arbeitete inzwischen mit François Pilain, einem Mechaniker aus Châlons-sur-Saône zusammen. Beide konstruierten ein Tricycle mit der Maschine unter der Sitzbank und zwischen den Hinterrädern. Armand Peugeot, der schon lange ein Automobil bauen wollte, fertigte in seinem Werk in Valentigny für Serpollet einige Dampfwagen.

Félix Millet[66] aus Meximieux entwarf sein erstes Dreirad mit Drehkolbenmotor. Am 27. Januar erhielt Ferdinand de la Hault das Deutsche Reichspatent auf ein Tricycle mit seinem Motor. Er unternahm einige Fahrten in Brüssel damit und verbesserte den Motor immer weiter. Am 8. Oktober wurde G. Stevens aus Brüssel für seinen Motorwagen das Deutsche Reichspatent gewährt.

Georges Bouton beim ersten Straßenrennen in Paris.

In den Niederlanden baute P. van Rijn den Dampfwagen *'Noviomagnum'*. Edwin F. Brown entwarf einen Dampfwagen und Edward Butler stellte eine verbesserte Version seines Tricycles vor (➤ S. 95). Aus Brighton kam das Elektromobil von Magnus Volk.[67] Das Fahrzeug des gebürtigen Berliners verfügte über 16 Batterien.

Zwei Fahrradhersteller aus Beverly, MA, J. Elmer Woods und Andrew J. Philbrick, bauten eine dampfbetriebene Feuerspritze und aus Plymouth, PA, kam der Threewheeler von Sephania Reese.[68] Unter dem Sitz befand sich ein Tank für 4 Liter Erdöl und vor dem Sitz ein Kessel mit insgesamt 18 Rohren. Die Vorheizzeit betrug rund 15 Minuten, und mit 18 Litern Wasser konnte man schließlich zweieinhalb Stunden lang fahren. Mit einer Person erreichte das Dreirad eine Geschwindigkeit von 17 km/h, mit zwei immerhin noch 15 km/h. Das Fahrzeug existiert übrigens noch heute.

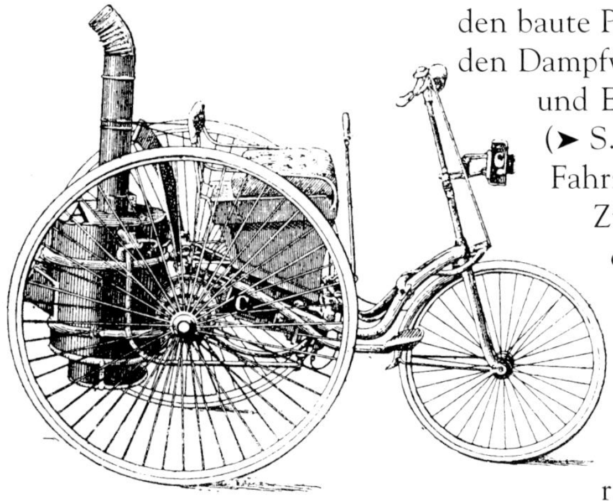

Dampftricycle von Serpollet.

lung' in München. Er stellte ihn als 'Ersatz für Pferde' vor und nach einigen Schwierigkeiten mit den Behörden erhielt er eine Fahrerlaubnis in München. Die Münchener waren begeistert, und Benz wurde zum Abschluß der Ausstellung eine Goldmedaille verliehen (➤ S. 97).

Gottlieb Daimler fertigte in Cannstatt sieben Motoren und als ihn der Klavierbauer William Steinway [73] aus New York besuchte, verkaufte er ihm eine Lizenz für den Motorenbau in den USA.

'Schleicher, Schlumm & Co.' bauten Ottos Motor in den USA in Lizenz.

Bei der ersten Testfahrt des langsamen aber starken Dampfwagens von Caleb E. Healey ereignet sich ein Unglück: er überfuhr ein Kind.

Der vierrädrige Dampfwagen von Ingersoll Moore aus Bloomington, IL, blieb im Versuchsstadium stecken. Fred M. Kimball entwarf ein Elektrotricycle mit sechs Batterien. Der Sitz befand sich zwischen den Hinterrädern und das viel kleinere Vorderrad wurde angetrieben.

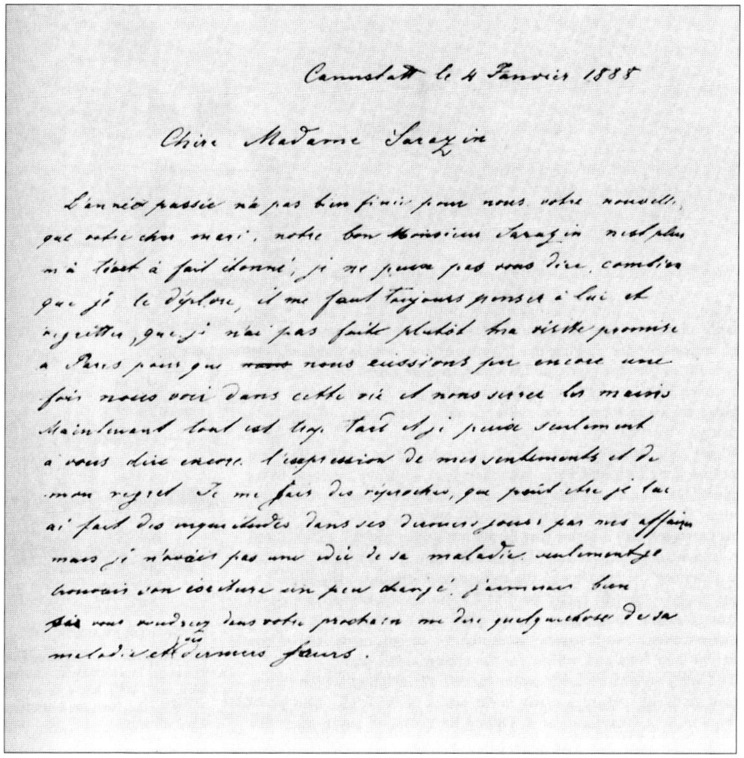
Cannstatt le 4 Janvier 1885

Chère Madame Sarazin

Brief Daimlers an Madame Sarazin.

Phillip W. Pratt aus Boston, MA, verwendete für sein Fahrzeug Batterien der 'Electrical Accumulator Company'. Der Chefingenieur der 'Western Electric Company', John A. Barret,[74] konstruierte ebenfalls ein Elektromobil. William Morrison aus Des Moines, IA, rüstete sein vierrädriges Elektrofahrzeug mit 24 Batterien aus. Sie sollen genügt haben, das Fahrzeug 13 Stunden lang mit bis zu 23 km/h fahren zu können. Die 'Staver Carriage Co.' [75] aus Chicago, IL, lieferte das Fahrgestell. Harold Sturges von der 'American Battery Company' aus Chicago war von Morrisons Fahrzeug so beeindruckt, daß er den Wagen für $ 3.600 kaufte. Er stellte ihn auf der Weltausstellung in Columbus, OH, aus und warb in den folgenden Jahren in den ganzen USA mit dem Wagen für seine Batterien.

Andrew Riker gründete die 'Riker Electric Motor Company' in Brooklyn, NY, und Melville F. Schworm baute für nur $ 198 einen Dampfwagen. Schon bei der ersten Ausfahrt in Massilon, OH, brach ein Holzspeichenrad, und Schworm wurde schwer verletzt.

Das Elektromobil von John A. Barrett.

Der Benz 'Typ III'.

1889

Serpollet bestellte bei Peugeot, der in diesem Jahr 19.000 Fahrräder herstellte, das Chassis für sein neuestes Dampfdreirad. Serpollet erhitzte den Dampf in einem Blitzkessel bei einem Druck von 100 bar auf 300° C. Am 16. August erhielten er und Avezard den ersten Führerschein für ihr neues Fahrzeug von der Pariser Polizei. Peugeot fertigte in seiner Fabrik in Beaulieu vier Dampfwagen für Serpollet, einer davon wurde auf der Weltausstellung in Paris gezeigt. Dieser Peugeot *'Typ I'* hatte Platz für fünf Passagiere.

Die Brüder Diederich[76] stellten einen eigenen Motor auf der Weltausstellung aus, und Louise Sarazin zeigte einen Daimler-Motor. René Panhard und Emile Levassor hatten ihr beim Aufbau

Der Stahlradwagen von Daimler.

Elektromobil von William Morrison.

des Standes geholfen. Levassor machte schließlich Peugeot und Daimler miteinander bekannt. Peugeot war von einem mit Daimlers Motor angetriebenen Boot und auch von einer von 'Panhard & Levassor' gebauten Straßenbahn mit dem gleichen Motor sehr beeindruckt. Daimler produzierte in diesem Jahr elf Exemplare seines neuen V-Motors. Außerdem war der neue *'Stahlradwagen'* von Daimler und Maybach zu sehen. Das Chassis hatten die Neckarsulmer Radwerke [77] geliefert. Daimler hatte 20 Chassis mit Riemenantrieb bestellt, die meisten wurden aber mit Kettenantrieb geliefert. Peugeot erwarb eine Lizenz zum Bau dieser Automobile.

Carl Benz, der hier zum ersten Mal von den Fahrzeugen des Cannstatters gehört haben soll, stellte seinen *'Typ III'* aus, von dem insgesamt vier Stück gebaut wurden.

Mérelle hatte von de Dion eine Lizenz zum Fahrzeugbau gekauft und zeigte zwei eigene Dampfwagen, einen Zwei- und einen Viersitzer. Er erhielt eine Silbermedaille für seine Fahrzeuge. Die größte Sensation der Weltaustellung war aber das höchste Gebäude der Welt, der 300 Meter hohe Eiffelturm.

De Dion wandte sich kurz nach der Weltausstellung von der Dampftechnik ab und dem Verbrennungsmotor zu, dies führte zum Bruch mit Trépardoux.

'Panhard & Levassor' versuchten, eine Lizenz zur Motorenfertigung an Edouard Rossel, [78] einen ehemaligen Direktor von Peugeot aus Lille, zu verkaufen. Levassor begann mit dem Mechaniker Mayade (†1898) die Pläne für

Mayade

Der Führerschein von Serpollet.

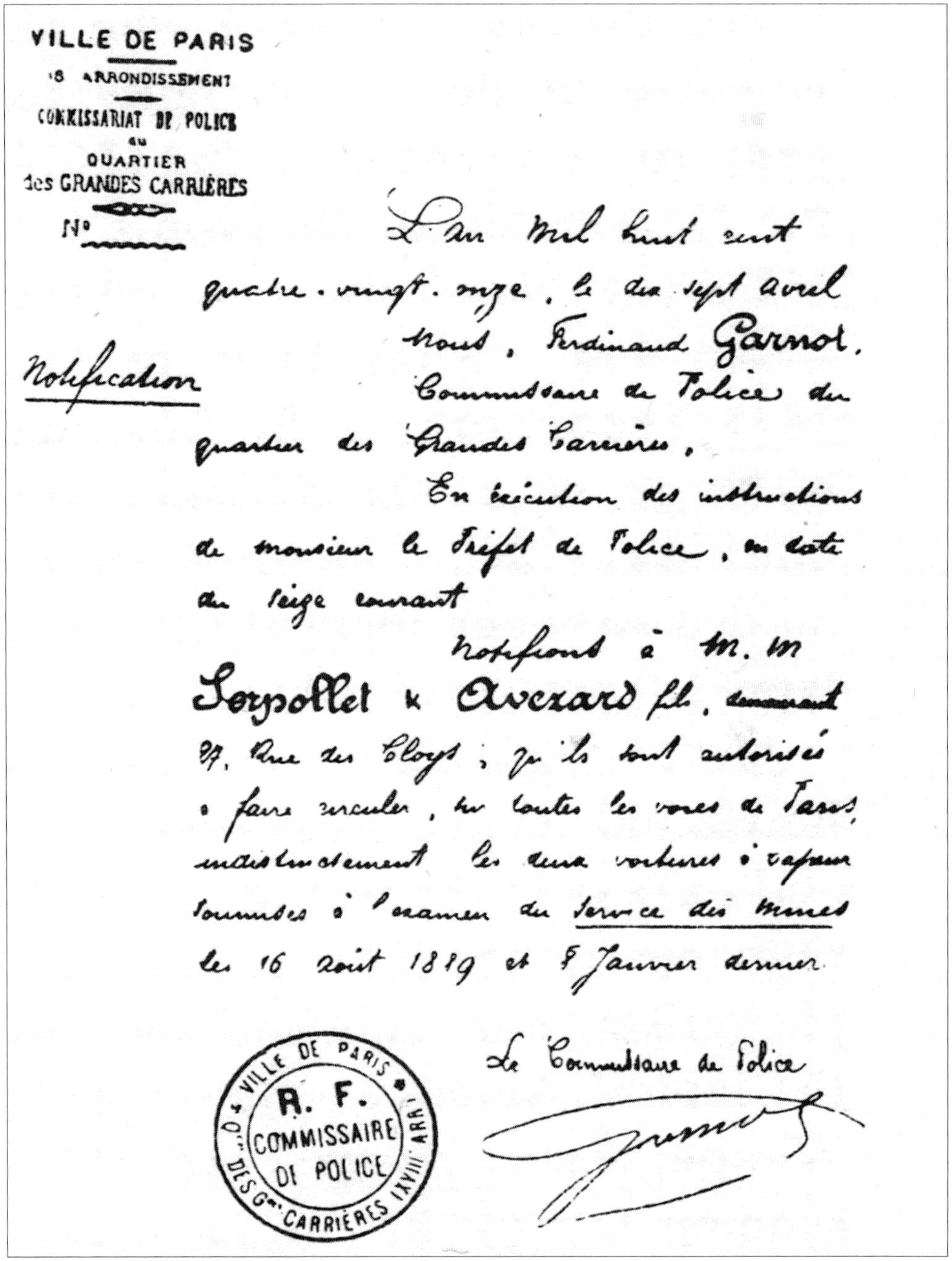

VILLE DE PARIS
18 ARRONDISSEMENT
COMMISSARIAT DE POLICE
du
QUARTIER
des GRANDES CARRIÈRES
N°

Notification

L'an Mil huit cent quatre-vingt-onze, le dix-sept Avril
nous, Ferdinand Garnot, Commissaire de Police du quartier des Grandes Carrières.

En exécution des instructions de monsieur le Préfet de Police, en date du seize courant

Notifions à M.M Serpollet & Avezard fils, demeurant 27, Rue des Cloys; qu'ils sont autorisés à faire circuler, sur toutes les voies de Paris, indistinctement les deux voitures à vapeur soumises à l'examen du Service des Mines les 16 août 1889 et 8 Janvier dernier.

Le Commissaire de Police

VILLE DE PARIS
R. F.
COMMISSAIRE DE POLICE
Q.er DES G.des CARRIÈRES (XVIII.e ARR.)

Der Peugeot vom 'Typ 2'. Am Lenker Emile Levassor, auf dem Rücksitz René Panhard.

einen vierrädrigen, viersitzigen dos-à-dos-Wagen mit einem zentral angeordneten P2D[79]-Motor.

Peugeot bereitete mit dem Ingenieur Louis Rigoulot die Fertigung eines Levassor-Automobils vor. Rigoulot fuhr nach Paris, um mit Levassor die Pläne zu besprechen. Auf die Frage Rigoulots, wo denn der Motor eingebaut werden solle, antwortet Levassor: Natürlich hinten, denn man könne den Fahrern doch den Gestank nicht zumuten. Trotzdem hatten die ersten beiden Peugeots vom *'Typ 2'* den Motor vorn. Es waren Kopien des *'Stahlradwagens'* mit dos-à-dos-Sitzen, ungefederten Vorderachsen und Fahrradkotflügeln. 'Panhard & Levassor' warnten die Käufer in ihrem Prospekt, daß die Geschwindigkeit von 17 km/h vom Fahrer höchste Konzentration erfordere und deshalb nur für wenige Minuten durchgehalten werden könne. Der erste dieser beiden Peugeots blieb lange bei 'Panhard & Levassor' in Paris stehen, der zweite wurde an Alphonse Eldin [80] aus Lyon verkauft.

Der Architekt Maurice Sizaire überredete seinen Bruder Georges und den gemeinsamen Freund Louis Nadin, anstatt eine Fahrradfabrik zu übernehmen, lieber mit ihm eine Voiturette mit Einzylindermotor und 3-Gang-Getriebe zu bauen. Der Prototyp wurde aber erst 1902 fertig.[81]

In München bauten Heinrich und Wilhelm Hildebrand zusammen mit dem Franzosen Lormont ein Dampfmotorrad, das Lormont 1895 beim 'Emancipation Run' von London nach Brighton fuhr.

Der 'Capitol Steam'.

Lenoir zog sich vom Motorenbau zurück, und J. Henry Knight entwickelte einen Verbrennungsmotor.

Frederick Lanchester [82] (1868 - 1946) wurde Manager bei der 'Forward Gas Engine Co.', die Ottos Motor in Lizenz fertigte. Radcliff Ward fuhr mit seinem Elektroomnibus mehrfach durch London. Am 2. April ging die Fahrt von der St. James Street zum Euston Square und über die Regent Street zurück.

Bei der Elektromotorenfabrik 'Immisch & Co.' baute Magnus Volk einen elektrischen Jagdwagen für den türkischen Sultan Abdul Hamid II. Die 24 Batterien hatten ein Gewicht von 356 kg und lieferten eine Spannung von 48 Volt. Der Elektromotor leistete bei 1.440 Upm 0,75 PS und trieb den 560 kg schweren Wagen über eine Bandkette 5 Stunden lang mit bis zu 16 km/h an.

Im Dezember wurde der erste bei 'Panhard & Levassor' gebaute Daimler-Motor fertig. Der Motor mit der Nummer 13 wurde an Bonet aus Barcelona geliefert, der ihn in das erste spanische Automobil eingebaut haben soll.

Elektromobil von Thomas A. Edison.

Nicht ganz geklärt ist die Frage, ob Edoardo Bianchi[83] in seiner Mailänder Werkstatt, in der er seit 1885 Fahrräder baute, ein motorisiertes Quadricycle angefertigt hat.

Ingersoll Moore konstruierte zuerst einen drei- und dann einen sechsrädrigen Dampfwagen. In Washington, DC, wurde der Dampfwagen '*Capitol Steam*' oder '*Steam Chariot*' vorgestellt. Er hatte eine Zweizylindermaschine, die 6 PS leistete, und drei Sitze. Halbelliptische Blattfedern und Vollgummireifen auf Holzspeichenrädern sorgten für den nötigen Fahrkomfort. Der Kaufpreis betrug damals $ 1.200, hundert Jahre später wird das Fahrzeug für das 100-fache versteigert.

Frank A. Huntington erhielt in San Francisco, CA, das Patent für seinen Dampfwagen und in Fort Wyne, IN, baute M. M. M. Slattery ein Elektrotricycle mit 13 Batterien. Auch Thomas Alva Edison (1847 - 1931) konstruierte ein Elektromobil, das noch heute existiert.

1890

Im Januar waren die Pläne Levassors und Mayades für den neuen Wagen fertig, am 10. Februar stand der Fertigungsplan, und man konnte mit dem Bau beginnen. Als das Auto fertig war, unternahm man einige Testfahrten in der Umgebung von Paris, die häufig damit endeten, daß ein Pferd das Fahrzeug ins Werk zurückschleppen mußte. Levassor begann mit der Planung eines weiteren Modells, diesmal mit Frontmotor und Heckantrieb.

Mitte Januar fuhr Serpollet zusammen mit Ernest Archdeacon auf seinem neuesten Dampftricycle von Paris nach Lyon. Sie benötigten für die 500 km lange Strecke fünfeinhalb Tage. Der Dampfwagen funktionierte nicht besonders gut, so verlor er bei Darcy ein Hinterrad, dafür war die Maschine sehr stark, bei 500 Upm leistete sie 4 PS. In Lyon wollte Serpollet den Kutschenbauer 'Chantiers de la Bruire' dafür gewinnen, seinen Wagen in Lizenz zu bauen, da Peugeot das Interesse verloren hatte. Serpollets ehemaliger Mitarbeiter François Pilain [84] arbeitete inzwischen für diese Firma. Der Chef Seguin war auch sehr interessiert an dem Wagen, wollte ihn aber nicht bauen, denn die 'Société de l'Horme et de la Buire' [85] baute nicht nur seit 1847 Lokomotivgestelle, sondern seit 1886 auch Motoren für Delamare-Deboutteville in Lizenz, für Dampfwagen war da kein Platz. Serpollet blieb nichts anderes übrig, als nach Paris zurückzufahren; als er ankam wog das Fahrzeug wegen der während der Fahrt vorgenommenen Reparaturen 150 kg mehr als vor der Abfahrt. Der Wagen wurde Serpollet später einmal von drei Betrunkenen gestohlen, er holte sie gerade noch zu Fuß ein und zog geistesgegenwärtig die Bremse. Die betrunkenen Autodiebe flohen vor so viel Courage.

Rossel Gauthier [86] fertigte danach einige Karosserien für Serpollet, ein

Serpollets neuer Dampfwagen.

Der Dampfomnibus von Michaelis.

Der erste eigene Wagen von 'Panhard & Levassor'. (v.l.n.r.: René Panhard, Louise Sarazin, Emile Levassor, Mayade.)

indischer Maharadscha und sogar ein japanischer Prinz wollten einen Serpollet haben.

Der neue Dampfwagen von Jeantaud.

Hermann Michaelis aus Chemnitz baute einen schweren Dampfomnibus, der einer Lokomotive ähnelte.

Carl Benz nahm sich Friedrich von Fischer und Julius Ganss als Geschäftspartner. Er soll ein Fahrzeug an Ricordi aus Mailand verkauft haben.[87]

Die Werkstätte Daimlers in Cannstatt beschäftigte 25 Arbeiter und neun Angestellte. Er nahm sich Lorenz und Duttenhofer zu Partnern. Am 17. März traf der erste Daimler-Motor in Valentigny bei Peugeot ein. Emile Levassor begleitete Louise Sarazin zu einem Besuch bei Daimler, kurz danach, am 17. Mai heirateten Levassor und Louise Sarazin. Dadurch gingen die Daimler-Lizenzen an 'Panhard & Levassor'.

Bei Peugeot hatte man inzwischen unter Auguste Doriot eine Abteilung für den Automobilbau eingerichtet. Ein P2C-Motor [88] wurde bei 'Panhard & Levassor' für ein Quadricycle gekauft. Mayade ging nach Valentigny, um beim Bau des Autos zu helfen. Im August wurde dieser *'Typ 2'* nach Paris zu 'Panhard & Levassor' geschickt. Es blieb das einzige Exemplar dieses Modells.

Am 28. November trennte sich Daimler von seinen Partnern und wandelte seine Firma in die 'Daimler Motoren Gesellschaft' um. Er hatte jetzt 132 Arbeiter und 18 Angestellte, die 82 Motoren in diesem Jahr produzierten. Daimler verkaufte eine Lizenz an den gebürtigen Hamburger Frederick Henry Simms (1863 - 1944). Der Sohn eines englischen Kaufmannes suchte auf der Bremer Industrieausstellung eigentlich Motoren für seine Kabellifte. Mit der Lizenz wurde Simms zu Daimlers Hauptvertreter für das gesamte Commonwealth außer Kanada. 'Panhard & Levassor' verkauften eine Daimler-Lizenz an Dechamps aus Brüssel. Es gab nun mindestens vier Hersteller von Daimler-Automobilen.

Dampfomnibus von de Dion.

Der Handwerker Jules Secrétant aus Lyon entwarf ein einsitziges, hölzernes Dampfdreirad mit einem Blitzkessel zwischen den Hinterrädern.

Jeantaud baute einen bootsförmigen Dampfwagen mit fünf Sitzplätzen, dessen gewagtes Design in Paris heftig diskutiert wurde. Ernest Archdeacon war oft mit von der Partie, er konstruierte später selbst ein Tricycle mit Anhänger.

De Dion und Bouton experimentierten mit einem Omnibusanhänger für einen vierrädrigen Dampfwagen. 1894 war das weiterentwickelte Fahrzeug mit einer Durchschnittsgeschwindigkeit von 18,7 km/h das schnellste Fahrzeug in einem Rennen von Paris nach Rouen.

Earl C. Walker aus New Albany, IN, baute einen primitiven Dampfwagen, der nie fuhr, weil ihm die Behörden die Betriebserlaubnis verweigerten.

'Die Moto-Cycle Manufacturing Company' aus Philadelphia, PA, verkaufte

Das Dampfdreirad von Jules Secrétant.

Der Dampfwagen von Achille Philion.

eines von Copelands Tricyclen an Hiram Percy Maxim,[89] einen späteren Mitarbeiter von Pope. Der nach Amerika ausgewanderte französische Artist Achille Philion begann mit dem Bau seines Zweizylinderdampfwagens, bei dem der große Messingboiler in der Mitte des Fahrzeuges, hinter den Passagieren und vor dem Heizer montiert war. Für das 550 Pfund schwere Gefährt mit dem Lederdach erhielt Philion 1893 ein Patent. Das Fahrzeug existiert noch heute.

Der Wagen von Schloemer und Toepfer.

Gottfried Schloemer und Frank Toepfer aus Milwaukee, WI, entwarfen ein Automobil mit einem Verbrennungsmotor der 'Sintz Machinery Co.' [90] aus Grand Rapids, WI.

Nach harter Jugend fand Charlie W. Nash [91] (1864 - 1948) Arbeit in der Polsterei der 'Flint Road Cart Company'. Unklar ist, ob Leon Mendel einen Dampfwagen baute oder ob Patton ein Automobil mit Gasmotor konstruierte.

Charlie W. Nash

Edward Butler ließ den Motor für sein Tricycle bei 'Shuttleworth & Co'. in Erith produzieren. Harry J. Lawson[92] kaufte für £ 300 John Boyd Dunlops Rechte an seiner Reifenfirma und erhöhte das Kapital von £ 75.000 auf £ 3.000.000. Außerdem gründete Lawson im Herzen der englischen Fahrradindustrie die 'Beeston Tyre Company' [93] mit weiteren £ 1.000.000. Um seine Marktführerschaft auszubauen, kaufte er auch das Patent von Charles K. Welch.

William Ershine Bartlett erfand den in die Felge eingepaßten Gummireifen. Herbert Akroyd Stuart (1864 - 1927) entwickelte die Akroyd Oil Engine, den unmittelbaren Vorläufer des Diesel-Motors.

Der Peugeot des Rennens 'Paris - Brest'.

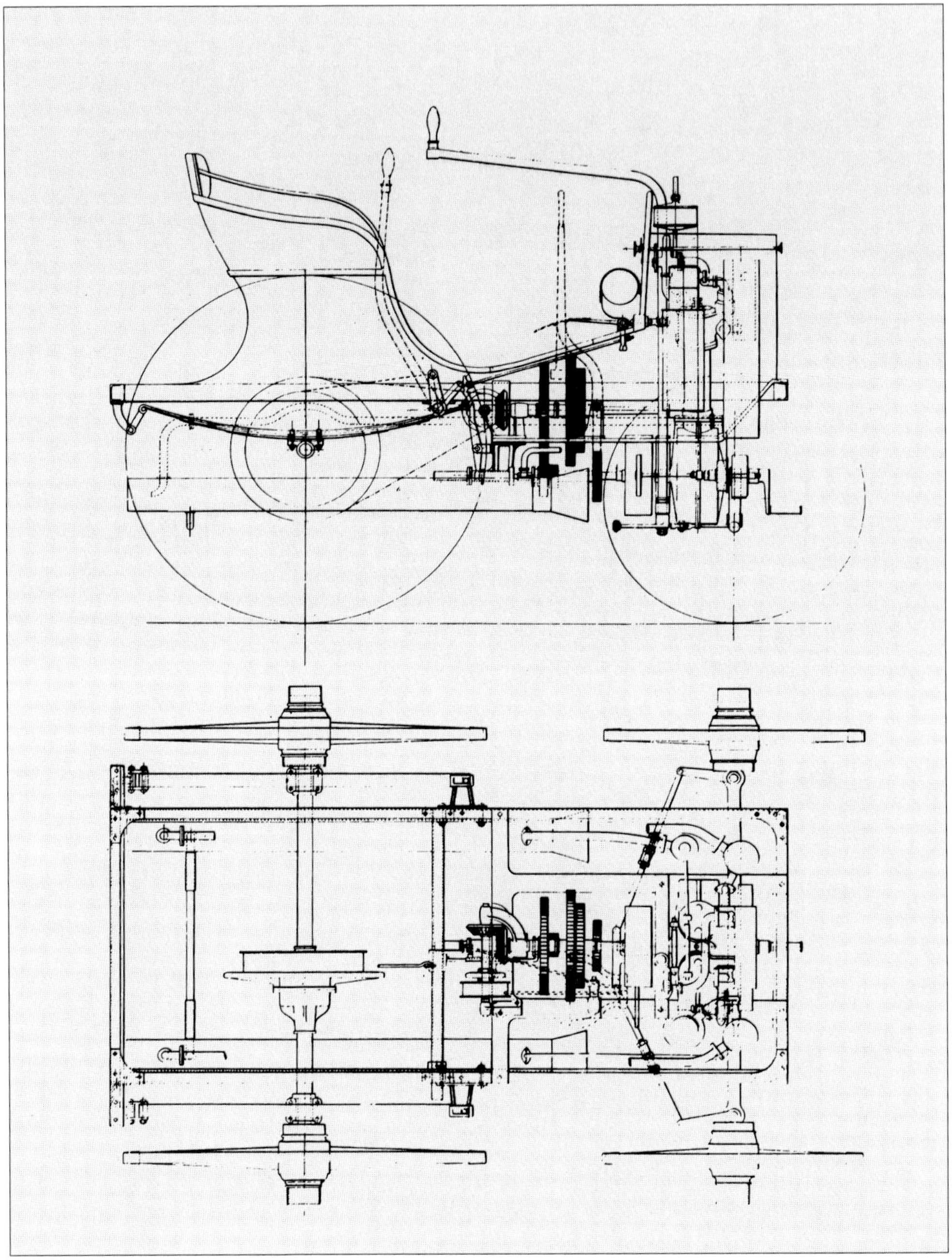

Der Bauplan für die 'Krabbe'. (Auschnitt)

1891

Am 6. Januar erhielt der Kutschenbauer Bedel von Emile Levassor den Auftrag, die Karosserie für ein neues Automobil zu bauen. Das zweisitzige Auto mit den großen Holzspeichenrädern bekam den Namen *'Krabbe'*, es kostete 3.500 frcs, hatte 4 Gänge und erreichte durch den P2C-Motor 22 km/h. Der frontal eingebaute Motor trieb die Hinterräder an; diese Anordnung wurde als Système Panhard bekannt. Levassor bestimmte auch die heute gültige Anordnung der Pedale, obwohl die *'Krabbe'* noch mit zwei Pedalen auskam. Die Kupplung war etwas rauh, und Levassor meinte, die Konstruktion sei zwar brutal, würde aber funktionieren. Im Frühjahr unternahm er die erste Ausfahrt, und als er abends wieder im Werk ankam, feierte die ganze Belegschaft das Ereignis. Zwei Wochen später fuhr er sogar bis nach Versailles und zurück.

Frederick Simms richtete eine eigene Vertriebsabteilung für Automobile ein, und auf der 'Deutschen Ausstellung' im Londoner Earls Court wollte er sogar ein Daimler-Automobil ausstellen. Dazu kam es jedoch nicht, er durfte später nur ein Boot mit dem deutschen Motor auf der Themse fahren lassen.

Am 6. April präsentierte Armand Peugeot sein *'Quadricycle'* vor drei Journalisten in Valentigny.

Am 31. Juli fuhren Louise und Emile Levassor zusammen mit dem Sohn von René Panhard, Hippolyte, auf der *'Krabbe'* in Urlaub. Ziel war das Ferienhaus von Levassor an der normannischen Küste in Etretat. Morgens um 4:30 Uhr ging es in Paris los und nach 13 h 55 min Fahrzeit traf das Trio abends um 8 Uhr im 138 km entfernten Vernon ein. Für die restlichen 87 km nach Etretat brauchten die Drei am nächsten Tag noch 9 h 20 min. Zwei Tage später schrieb Levassor über seine erfolgreiche Fahrt an Daimler.

Im August konnte Alexander B.W. Kennedy die Dampfwagen von Serpollet testen. Mit dem älteren Zweisitzer durften sie in Paris maximal 16 km/h fahren, mit dem neuen, größeren Modell ging es dann über Land. Kennedy lobte die hervorragende Straßenlage und die Höchstgeschwindigkeit von 38 km/h.

Im September fuhren Rigoulot und Doriot mit einem Peugeot vom *'Typ 3'* von Valentigny über Paris nach Brest und zurück. Der Journalist Pierre Giffard vom 'Petit Journal' hatte ein Rennen für Fahrräder von Paris nach Brest und retour ausgeschrieben. Rigoulot und Doriot sollten den Radfahrer Charles Terront mit ihrem Wagen begleiten. Der Peugeot hatte einen P2C-Motor, der 2,5 PS leistete, was eine Höchstgeschwindigkeit von 18 km/h ermöglichte.

Hippolyte Panhard

Der große Dampfwagen von Serpollet.

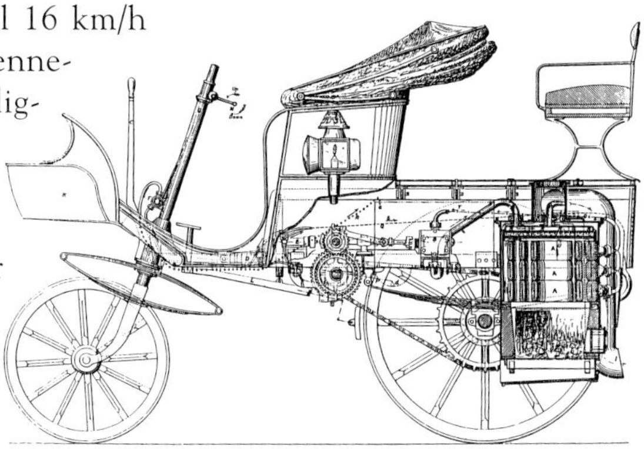

Charles Terront

Er wog mit Zusatztanks für Wasser, Benzin und dem gesamten Gepäck 550 kg. Die Fahrt nach Paris mit dem vis-à-vis Wagen war sehr schwierig und die beiden waren froh, als sie Peugeot nach 460 km in den Hallen von 'Panhard & Levassor' empfing. Ihre Durchschnittsgeschwindigkeit betrug 13,5 km/h. Auf dem Weg nach Brest legten sie gleich am ersten Tag 200 km zurück. Charles Terront war auf einem Rudge-Fahrrad mit Michelin-Reifen unterwegs, er erreichte nach 71 h 35 min das Ziel. Seine Durchschnittsgeschwindigkeit betrug 16,9 km/h, die des Peugeots nur 8,1 km/h. Rigoulot und Doriot erreichten nach 2.200 km wieder Valentigny; später fand sich ein Kunde aus dem Elsaß für den Wagen. Peugeot verkaufte in diesem Jahr fünf Autos, darunter auch an einen Schweden den '*Typ 2*', der immer noch bei 'Panhard & Levassor' stand. Vom '*Typ 3*' wurden in diesem Jahr drei Stück gebaut, insgesamt betrug die Produktion 64 Stück.

'Panhard & Levassor' produzierte 30 Autos in diesem Jahr. Diese Fahrzeuge hatten hinter den Flügeltüren in der Motorverkleidung Glührohre montiert. Im Juni waren sieben Fahrzeuge fertig, doch erst am 30. Oktober überführte

Die 'Krabbe' von 'Panhard & Levassor'.

Emile Levassor das erste Fahrzeug an einen Kunden, es war M. Verlinde aus Billancourt. Der zweite Wagen ging nach Chatou, der dritte an die Brüder Henri aus Montrouge. Der vierte Wagen wurde ebenfalls nach Montrouge verkauft, diesmal an den Vikar und der fünfte an Emmanuel Buxtorf aus Troyes. Buxtorf wiederum verkaufte den Wagen an Abbé Gavois, der ihn bis 1912 über 60.000 km ohne Probleme fuhr.

Der Wagen von John Lambert.

Théophile Schneider[94] soll als erster den 2.646 m hohen Galibier Paß mit einem Auto überquert haben. Auf der Industrieausstellung in Bourg-en-Bresse erhielt Secrétant den ersten Preis für sein Fahrzeug. H. Tenting baute sein erstes Auto. Sein Zweizylindermotor leistete 4 PS und ein Reibradgetriebe trieb über eine Kette die Hinterachse an.

Der Italiener Cavaliere Enrico Pecori aus Erba konstruierte ein Dampfdreirad. Als Basis diente ein Modell von de Dion. Carl Benz verkaufte eines seiner Dreiräder nach Indiana, USA.

Robert H. Cloughley aus Cherrydale, KS, erhielt das Patent für seinen Dampfwagen, den er erst fünf Jahre später vollendete. Edwin F. Brown aus Chicago stellte sein drittes Dampffahrzeug vor; aus Lynn, MA, stammte der Dampfwagen von Clarence L. Simmonds, und George T. Harris entwarf einen Dampfwagen für 15 Passagiere, der so schwer war, daß die Straße unter seinem Gewicht aufbrach. Nach einer Testfahrt wurde er deshalb stillgelegt, der Wagen verbrannte wenig später bei einem Unglück. Nachdem John William Lambert aus Anderson, IN, jahrelang mit den Motoren von John B. Hicks aus Cleveland, OH, experimentiert hatte, baute er ein Automobil, das eine Kopie des Benz *'Patent Motorwagens'* sein sollte. Lambert nannte sein Auto *'Buckeye'* (= Bewohnerin von Ohio) und versuchte es mit allen Mitteln zu verkaufen. In Prospekten bot er es für $ 550 an, aber

Der Haynes-Apperson.

Der Wagen von Henry Nadig.

alle seine Versuche blieben erfolglos. Elwood P. Haynes (1857 - 1925) aus Kokomo, IN, wollte zusammen mit den Brüdern Elmer (1861 - 1920) und Edgar Apperson (1870- 1959) ein Automobil bauen. Sie verwendeten einen 'Sintz'-Motor. Als das Auto 1894 endlich fertig war, baten sie Lambert, darauf zu verzichten, sein Auto als 'Americas first' anzupreisen, diesen Ruhm wollten sie für ihr Automobil.

Marshall McCluer aus Spring Lake, MI, montierte in eine Buggy-Kutsche einen Verbrennungsmotor, und die Brüder Phillip und Henry Nadig[95] aus Allentown, PA, motorisierten einen Threewheeler. Das Fahrzeug existiert noch heute und hat einen Einzylindermotor, der bei 600-800 Upm etwa 1 PS leistet. Die 'Electric Carriage Company' aus Boston, MA, bot zwei von Dr. Orazio Lugo entworfene Elektrofahrzeuge an, ein Tricycle und ein vierrädriges Fahrzeug mit dem Namen *'Lugo Electric'*. Die Geschwindigkeit wurde mit 16,5 km/h angegeben. Edward D. Chapman aus Stoughton, MA, baute ebenfalls Elektrofahrzeuge. Ransom Eli Olds[96] konstruierte seinen zweiten Dampf-

Adeney, Martin: The Motor Makers. London 1989.

Althuser, Jean: Pierre Michaux et ses fils, pionniers de la grande épopé du vélo. Verdun 1986.

Bird, Anthony: Antique Automobiles. London 1984.

Bonnett, Harold: Traction Engines. Princes Risborough 1994.

Buberl, Alfred: Automobile. Wien 1990.

By the Editors of Automobile Quarterly: The american Car since 1775. New York 1971.

Clayton, Nick: Early Bicycles. Princes Risborough 1994.

Daumas, Maurice (Hg.): Histoire Générale des Techniques. Paris 1965. Tome II.

de Beauplan, Robert: La Locomotion à travers les ages. L´Illustration, Paris 3.10.1936.

de Saunier, Louis Baudry: Das Automobil in Theorie und Praxis. Leipzig 1989 (Reprint).

Dinglers Polytechnisches Journal. Stuttgart 1887.

Doyle & Georgano: The World´s Automobiles 1862 - 1962. London 1963.

Dubarry, Dominique P.: Les Automobiles Peugeot. Rennes 1984.

Enzyklopädie des Automobils. Augsburg 1989.

Evans, Richard J.: Steam Cars. Princes Risborough 1985.

Eves & Burger: Great Car Collections of the World. London 1991.

Fabre, Maurice: Geschichte der Verkehrsmittel zu Lande. Lausanne 1964.

Fletcher, William: Steam on Common Roads. London 1972 (Reprint).

Georgano, G.N.: The Complete Encyclopedia of Motorcars 1885 to the Present. London 1982.

Georgano, Nick: Electric Vehicles. Princes Risborough 1996.

Grand-Carteret, John: La Voiture de Demain. Paris 1898.

Head, H. (Hg.): The Guiness book of the Car. Enfield 1987.

Hill, Ken: Three-Wheeler. Princes Risborough 1996.

Jackson, G. Gibbard: The Splendid Book of Motors. London 1936.

Johnson, Claude: The early History of Motoring. London 1927.

Kimes and Clark: Standard Catalog of American Cars 1805-1942. Iola, o. J.

Kubisch, Ulrich: 100 Jahre Automobil, Sonderheft Nr. 2 Markt für Klassische Automobile und Motorräder. Wiesbaden 1986.

Kubisch, Ulrich: Deutsche Automarken, Sonderheft Nr. 3 Markt für Klassische Automobile und Motorräder. Wiesbaden 1986/7.

Lockert, Louis: Traité des véhicules automobiles sur routes. Paris o. J.

Macbeth, Graham: The centenary Encyclopedia of Automobiles. Rushden 1984.

Mandel, Leon: American Cars. New York 1982.

Matschoß, Conrad: Die Entwicklung der Dampfmaschine. Düsseldorf 1987.

Montagu of Beaulieu: The Brighton Run. Princes Risborough 1990.

Neuburger, Albert: Der Kraftwagen. Stuttgart 1988 (Reprint).

Nicholson, T. R.: Passenger Cars 1963 - 1904. London 1970.

Pérot, Benoît: Panhard, Les premiers tours de roue industrie centenaire. Paris 1991.

Poppe, J. v.: Geschichte der Erfindungen. Frankfurt a.M. 1847.

Porázik, Juraj: Motor· Cars 1770 - 1940. Leicester o. J.

Roberts, Peter: Veteran and Vintage Cars. Feltham 1968.

Roediger, Wolfgang: Hundert Jahre Automobil. Leipzig et al. 1990.

Rousseau, Jacques/Caron, Jean-Paul: Guide de l'Automobile française. Paris 1988.

Rousseau: Les Marques d'Automobiles françaises. Saint-Dizier 1981.

Rowe, Harvey T.: Als die Autos fahren lernten. Hannover 1986.

Schmarbeck, Wolfgang: Auto-Museen in Europa. Stuttgart 1982.

Sedgwick, Michael: Auto-Veteranen. Frankfurt a.M. o.J.

Seiff, Ingo: Oldtimer. München 1990.

Singer, Charles et al. (Hg.): A History of Technology, Vol. IV. Oxford 1965.

Sittauer, Hans L.: Nicolaus August Otto, Rudolf Diesel. Leipzig 1990.

Souvestre, Pierre: Histoire de L'Automobile. Paris 1907.

Stephan, Leslie (Hg.): Dictionary of National Biography. London 1885 ff.

Temming, Rolf L.: Illustrierte Geschichte des Straßenverkehrs. Herrsching 1978.

The Engineer. London 1863 - 1891.

Über Land und Meer. Stuttgart 1881.

Verkehrshaus der Schweiz (Hg.): Verkehrshaus. Luzern 1987.

von Klinckowstroem, Carl Graf: Knaurs Geschichte der Technik. München et al. 1972.

Ware, Michael E.: Veteran Motor Cars. Princes Risborough 1983.

Weigelt, Horst: Das Automobil. Sttgt. 1988.

Wise, David Burgess: The illustrated Encyclopedia of Automobiles. London 1979.

PERSONENREGISTER

FAHRZEUGREGISTER

Advance, 1870
America, 1872
Argonaut, 1877
Austenius, 1868
Blue Belle, 1860, 1867
Buckeye, 1891
Capitol Steam, 1889
Centaur, 1872
Chenab, 1871
Colonist, 1867
Cornubia, 1862
Cyclop, 1881
Éclair, 1860
El Buey, 1864
Enterprise, 1869
Fairy Queen, 1869
Fly-by-night, 1865
Green Bay, 1878
Hammelvogen, 1886
Hercules, 1871
Indus, 1871
Krabbe, 1891
L'Avenir, 1865
L'Obéissante, 1873, 1874
La France, 1865
La Mancelle, 1878, 1880
La Nouvelle, 1880
La Rapide, 1885
Lugo Electric, 1891
Madison, 1878
Marie-Anne, 1879
Milwaukee Steamer, 1878
New Favorite, 1872
Noviomagnum, 1887
Oshkosh, 1878
Phaëton Moto-Cycle, 1887
Pioneer, 1871, 1872
Pyott Steam, 1876
Quadricycle, 1891
Ravee, 1871
Reitwagen, 1885
Rover, 1888
Spectacular, 1871
Stahlradwagen, 1889
Steam Wagonette, 1868
Sutherland, 1871
T6 (T1), 1885
The Spark, 1871
The Thing, 1884
Voiture Automobile, 1863

AUTOMOBILMUSEEN IN EUROPA, USA UND KANADA

Alle Angaben sind ohne Gewähr, da es leider immer wieder vorkommt, daß einzelne Museen schließen oder Sammlungen aufgelöst werden. Neben reinen Automuseen sind weitere Sammlungen aus technisch angrenzenden Gebieten aufgeführt.

BUNDESREPUBLIK DEUTSCHLAND

Rosso Bianco Collection
Obernaustr. 125
63743 Aschaffenburg

MAN Museum
Heinrich-von-Butz-Straße 28
86153 Augsburg

Norddeutsches Auto-, Motorrad + Technik Museum
Weserstraße 265
32547 Bad Oeynhausen

Automuseum Bad Rothenfelde
Parkstraße 79
49214 Bad Rothenfelde

Roller- und Kleinwagenmuseum
49186 Bad Iburg
(an der B 51)

Museum für Verkehr und Technik
Trebbiner Straße 9
10963 Berlin

Museum für Eisenbahn und Technik
Mukraner Straße
18609 Ostseebad Binz

Automuseum Störy
St. Adrianplatz 5
31167 Bockenem / OT Störy

Museum Landtechnik
Celler Heerstraße 336
38116 Braunschweig

Auto- und Motorrad-Museum
Bleichstraße 18
89331 Burgau

Walsumer Oldtimer
Wehofer Straße 57
46539 Dinslaken

Verkehrsmuseum Dresden
Im Johanneum am Neumarkt,
Augustusstraße 1
01067 Dresden

Raule Automobilmuseum
Hauptstraße 130
65817 Eppstein / Taunus

Automobil Museum Fichtelberg
Nagler Weg 9
95686 Fichtelberg

Unterfränkisches Verkehrsmuseum
97737 Gemünden

Automuseum Hillers
Kurt-Schumacher-Allee 42
20097 Hamburg

Motor-Sport-Museum Hockenheim
Hockenheimring
68754 Hockenheim

Auto-Museum Ibbenbüren
Münsterstraße 265
49479 Ibbenbüren

Verkehrsmuseum
Werderstraße 63
76137 Karlsruhe

Deutsches Auto-Museum
Schloß Langenburg e.V.
74595 Langenburg / Hohenlohe

Fahrzeugmuseum Marxzell
Albstraße 2
76359 Marxzell

Daimler-Benz-Museum
Mercedesstraße 137
70322 Stuttgart

BMW Museum 'Zeitsignale'
Petuelring 130
80809 München

Deutsches Museum
Museumsinsel
80538 München

Deutsches Zweirad-Museum +
NSU-Museum Neckarsulm
Urbanstr. 11
74172 Neckarsulm

Borgward Museum
Hermannstraße 49
56564 Neuwied

Nürburgring-
Rennsportmuseum
53520 Nürburg / Eifel

Opel-Modell-Museum
Gerhart-Hauptmann-Str. 43
25421 Pinneberg

Porsche Museum
Porschestraße 42
70435 Stuttgart-Zuffenhausen

Auto & Technik-Museum Sinsheim e.V.
Obere Au 2
74889 Sinsheim

Technik- und Verkehrsmuseum Stade
Freiburger Straße 60
21682 Stade

Motor-Museum Öhringen
Stettiner Straße
74605 Öhringen

Volkswagen Auto-Museum
Dieselstraße 35
38446 Wolfsburg

Automuseum Fritz B. Busch
Schloßplatz
88364 Wolfegg

Auto- und Spielzeugmuseum Boxenstop
Brunnenstraße 18
72074 Tübingen

EFA-Museum für
Deutsche Automobilgeschichte
Wasserburger Straße 38
83123 Amerang / Chiemgau

Auto-Sammlung 'Gut Hand'
Hander Weg 71
52072 Aachen-Richterich

Niederbayrisches Automobil-
und Motorradmuseum
Schuhbauerstraße 17
84166 Adlkofen / Ndb.

Automobil-Museum
Essener Straße 5
27330 Asendorf

Schnauferl-Stall
Kapuzinerstraße 237
84489 Burghausen

Automobil-Veteranen-Salon
Böckinger Straße 68
89423 Gundelfingen

Fahrzeug-Museum
'Oldtimer Gasse'
Hamburger Str. 195
22083 Hamburg

Automuseum
Wartburgallee
99817 Eisenach

Historische Fahrzeugsammlung
Sextrostraße 1
30169 Hannover

Automuseum Hohenstein
Kreuzbergstraße
72531 Hohenstein,
OT Ödenwaldstetten

Klöckner-Humboldt-Deutz
Motorenmuseum
Deutz-Mühlheimerstraße 111
51063 Köln-Deutz

Technik-Museum Speyer
Geibstraße
67346 Speyer

Motorradmuseum
Schloß Augustusburg
09573 Augustusburg

Kleinwagenmuseum
35649 Wilsbach

Automuseum
Carl Benz
Am Sägewerk 6 - 8
68526 Ladenburg-West

BELGIEN

Autoworld
(Centre Mondial de l'Automobile)
Esplanade du Cinquantenaire 11
1040 Brüssel

DÄNEMARK

Jysk Automobilmuseum
8883 Gjern

Danmarks Tekniske Museum
Ole Rømers Veji
3000 Helsingør

Egeskov Veteranenmuseum
5772 Kvärndrup

Sommers Veteranbil Museum
2850 Naerum Hovegarden 1

Aalholm Automobil Museum
Schloß Aalholm
4880 Nystedt / Lolland

Autoland
Vestre Ringvej
8600 Silkeborg

FRANKREICH

Musée National
de L'Automobile
(Sammlung Schlumpf)
192, Avenue de Colmar
68100 Muhlhouse

Collection Ferrari
Le Mas-du-Clos, Les Puids
23200 Aubusson

Musée Bonnet-Renaulac
80 rue Ferdinand-Buisson
Bègales, Gironde

Musée Briare
70, boulevard De Lattre-de-Tassigny
45250 Briare-Lecanal

Musée automobile de L'Abbatiale
Le Bec-Hellouin
27800 Brionne

Musée du Lys
Rond Point de la Reine
Chantilly, Le Lys bei Lamorlaye

Musée de l'Automobile et
de la Technique de Châtellerault
3, rue Clément-Krebs
86100 Châtellerault

Salon Permanent
Automobiles de Sport,
Prestige et Collection
rue du 8 mai
71170 Chauffailles

Musée automobile
de Normandie
Hôtel du Cheval Noïr
76690 Clères bei Rouen

Musée National de la Voiture
et du Tourisme
Chateau de Compiègene
60200 Compiègne (Oise)

Autorama Delagrange
91330 Yerres, Essone

Musée Automobile
du Château de la Clayette
71800 La Clayette,
Saône-et-Loire

Musée Automobile Raffaelli
Circuit Paul Ricard
83330 Le Beausset

Musée de l'Automobile du Mans
Circuit des 24 Heures
Les Raineries, X 19
72040 Le Mans

Musée Automobile de Lourdes
Esplanade du Paradis
Lourdes

Musée Motos Vélos
1 Place de la 2e D.C.
54300 Luneville

Musée automobile
de la Ville Lyon
(Musée Henri Malartre)
Chateau de Rochetaillée
69270 Rochetailées/Saône
(bei Lyon)

Foundation de l'Automobile
Marius Berliet
39, avenue Esquirol
69003 Lyon

Maison de la Fondation Bugatti
Prieure des Chartreux,
Cour des Chartreux
67120 Molsheim

Musée Peugeot
Ancienne Brasserie de Sochaux
Carrefour de L'Europe
25600 Sochaux

Musée de l'Automobiliste
Aire des Bregiéres, A8
06250 Mougins

Musée de L'Automobile en Lorraine
Zone de loisirs de la Forêt de Haye
54000 Nancy, Velaine en Haye

Musée Automobile de Provence
Pierre Dellieuvre, BP 3
13660 Orgon

Auto Biographe Renault
53 Ave. des Champs-Élysées
75008 Paris

Conservatoire National
des Arts et Métiers
270, Rue Saint Martin
75003 Paris 3me

Musée des Transports urbains
60, avenue Sainte-Marie
94160 Saint-Mandé
Sitz: 5, rue de la Santé
75013 Paris

Musée Automobile et
Technique de Petit-Arran
89117 Parly, Yonne

Musée de l'Art populaire
86000 Poitiers Nord

Centre historique de l'automobile française
84, avenue Georges-Clemenceau
51100 Reims

Musée automobile de Bretagne
route de Fougères
35510 Cesson-Sevigne
(bei Rennes)

Musée Municipal de
la Course Automobile
29 Faubourg d'Orleans
41200 Romorantin-Lanthenay

Musée d'Automobiles du Forez
F42 Sury-le-Comtal (Loire)

Musée de l'Automobile de Vendée
route des Sables-d'Olonne
85440 Talmont-St.-Hilaire

Museon di Rodo
3bis, route de Nîmes
30700 Uzès
damit verbunden ist das:
Musée de l'Agriculture
et de la Locomotion (Musée 1900)
30700 Moulin de Chalier
(Bei Arpaillargue, in der Nähe von Uzès)

Musée de l'Automobile du Centre
Château de Valençay
36600 Valençay

Musée de L'Automobile
36150 Vatan, Indre

Musée Cadillac
Planchoury, 37130 St. Michel sur Loire

Musée Maurice Dufrese
Marnay
37190 Azay le Rideau

Musée du Fort de la Bastille
38000 Grenoble

Musée de la Diligence
Château
68340 Riquewihr

Musée automobile
de Basse-Normandie
17, Place Saint Jean
61100 Flers

Musée Auto-Moto du Gérier
27240 Gérier

Musée Rétro-Drouais
28100 Dreux

Musée du Poids lourd (Nutzfahrzeuge)
41400 Pontlevoy (bei Montrichard)

Musée Simca Yonnais
85000 La Roche-sur-Yon

GROSSBRITANNIEN

Jersey Motor Museum
St. Peters Village
Jersey

The Pallot Heritage Steam Museum
Rue de Bechet, Trinity
Jersey

Manx Motor Museum
Crosby
Isle of Man

The National Motor Museum
Beaulieu, Brockenhurst,
Hampshire SO42 7ZN

Myreton Motor Museum
Aberlady
(East Lothian)

Museum of Army Transport
Flemingate
Beverley, North Humberside,
HU17 ONG

Shuttleworth Collection
Old Warden Aerodrome
(bei Biggleswade)
Beds SG18 9ER

Birmingham Museum
of Science and Industry
Newhall Street
Birmingham B3 1RZ

The Patrick Collection
180 Lifford Lane, Kings, Norton
Birmingham, B30 3NT

Cotswolds Motor Museum
Old Mill
Bourton-on-the-Water
(bei Cheltenham)

Bradford Industrial Museum
Moorside Mills, Moorside Road
Bradford, West Yorkshire, BD2 3HP

Midland Motor Museum
Stourbridge Road
Bridgnorth, Shropshire, WV15 6DT

Bristol Industrial Museum
Princes Wharf, City Docks
Bristol BS1 4RN

Brooklands Museum
Brooklands Road
Weybridge, Surrey, KT13 OQN

Bugatti Molsheim
Prescott, Gotherington
Cheltenham

Museum of
British Road Transport
St Agnes Lane, Hales Street
Coventry, CV1 1PN

The Donington Collection
Donington Park, Castle Donington
Derby DE7 2RP

Doune Motor Museum
Carse of Cambus, Doune, Perthshire

Royal Scottish Museum
Chambers Street
Edinburgh

Effingham Motor Museum
Effingham Park
Copthorne, Sussex

Museum of Transport
Kelvingrove
Glasgow G3 8AG

Lakeland Motor Museum
Grange-over-Sands
Holker Hall, Cark-in-Cartmel
bei Grange-over-Sands, Cumbria

Caister Castle Motor Museum
Caister on Sea, bei Great Yarmouth,
Norfolk

Bentley Motor Museum
Bentley Wildfowl Trust
Halland, Sussex

Automobilia Transport Museum
Hebden Bridge
Billy Lane, Old Town, Hebden

Ulster Folk and Transport Museum
Cultra, Holywood, BT18 0EU
Co Down, Nordirland

Cars of the Stars Motor Museum
Standish Street, Town Centre
Keswick

Hull Transport Museum
36, High Street
Kingston upon Hull

The British Commercial Vehicles Museum
King Street
Leyland, Preston, Lancashire, PP5 1LE

British Motor Industry Heritage Trust
Syon Park, Brentford, Middlesex

Science Museum
Exhibition Road, South Kensington
London SW7 2DD

Stanford Hall Museum
Lutterworth, Leicestershire LE17 6DH

Melrose Motor Museum
Annay Road
Melrose, Scottland

Moray Motor Museum
Bridge Street
Elgin, Scottland

Mouldsworth Motor Museum
Smithy Lane
Mouldsworth, Cheshire

Automobilia Motor Museum
The Old Mill, St. Stepahn
St. Austell, Cornwall

Sandringham Museum
Estate Office
Sandringham, Norfolk, PE35 6EN

Haynes Sparkford
Motor Museum
Sparkford nr. Yeovil, Somerset,
BA22 7LH

Totnes Motor Museum
Steamer Quai
Totnes, Devon TQ9 5AL

History on Wheels
Longclose House,
Little Common
Eton Wick, nr. Windsor, Berks.

Science Museum
Red Barn Gate
Wroughton bei Swindon, Wilts,
SN4 9NS

Goughs Motor Museum
Cliff Street
Cheddar BS27 3QB

Stratford Motor Museum
One Shakespeare Street
Stratford-upon-Avon,
Warwickshire

Leicestershire Museum
of Technology
Corporation Road,
off Abbey Lane
Leicester

Banham International
Motor Museum
Grundisburgh Hall
Woodbrigde, Suffolk

IRLAND

The National Museum of Irish Transport
Scotts Hotel Gardens
Killarney, Co Kerry

ITALIEN

Museo Ford Gratton
Via Gloria 164
Farra d'Isonzo

Museo di Auto & Moto d'Epoca
di Grazzano Visconti
Grazzano Visconti
Piacenza

Museo Storico
Alfa Romeo
Via Santa Maria Rossa
Arese

Museo Nazionale della
Scienza e della Technica
Leonardo da Vinci
Via San Vittore 21
20100 Mailand

Quattroroute Collection
Via Chille Grandi 5 / 7
20089 Rossano,
Mailand

Padiglione Automobili d'Epoca
Autodrome Nazionale
Monza

Museo Vincenzo Lancia
Via Vincenzo Lancia
10141 Turin

Centro Storico FIAT
Via Chiabrera 20
10126 Turin

Pininfarina Collection
Cambiano, Via Nazionale 30
10126 Turin

Museo dell'Automobile
Carlo Biscaretti di Ruffia
Corso Unità d'Italia, 40
10126 Turin

Galleria Ferrari
Maranello

LITAUEN

Riga Motor Museum
S Eizensteina 6
Riga

NIEDERLANDE

Rijksmuseum
Paleis Het loo
Koninklijk Park 1
7315 JA Apeldoorn

Automobiel Museum
Bentstraat 43
7532 BA Enschede

Histo Mobil
Cornelisgracht 42
8355 CH Giethoorn

Het National-Automobiel-Museum
Steurweg 8
4941 VR Raamsdonksveer

Autotron Rosmalen
Libema Vrijetijdsparken bv
Graafsebaan 133
5248 NL Rosmalen

Auto-Sammlung J. Martens
Bolmansweg 7A,
'Eekwold'
7214 DL Epse

NORWEGEN

Norsk Teknisk Museum
Frystikkalléen 1, Kjelsaasveien 143
0491 Oslo 4

ÖSTERREICH

Fahrzeugausstellung
Schloß Kremsegg
Kremseggerstr. 69
4550 Kremsmünster

Heeresgeschichtliches Museum
Arsenal-Objekt 1
1030 Wien

Technisches Museum für Industrie
und Gewerbe
Mariahilfer Straße 212
1140 Wien

Automobil-Historisches Museum
Schloß Ebelsberg
4020 Ebelsberg-Linz

Sammlung der
Steyr-Daimler Puch AG
8011 Graz

Museum Fahrzeug und Technik
Sulzbach 132
4821 Lauffen / Bad Ischl

PORTUGAL

Museo do Caramulo
3475 Caramulo

RUSSLAND

Lenin Museum
Plotschad Revoluzyi 2
Moskau

Polytechnisches Museum
Nowaya Plotschad 3 / 4
Moskau

SCHWEDEN

Olands Motor Museum
Per Lindstrom Vag 1
38700 Borgholm

Industriemuseet
Götaplatsen
111256 Göteborg

Helsingholm
Automotive Collection
Muskögatan 7, Berga
80212 Helsinborg

Svenska Transportmuseet
Vistakullevagen Brotjemark
56100 Huskvarna

Laganland Bilmuseet
Box 44
340 14 Lagan

Allan Söderström Collection
Förende Bil Import AB
Ostra Tullgatan 6
20011 Malmö

Smalands Bil-Musik-O Leksaksmuseum
Vid Riksvag 27
Rydaholm

Skokloster Motor Museum
19060 Balsta

Teknista Museet
Norra Djurgarden
11527 Stockholm No.

Saab Museum
46180 Trollhättan

Svedinos Bil Och Flyg Museum
Ugglarp
531050 Slöinge
(bei Halmstadt)

SCHWEIZ

Musée de L'Automobile
2338 Muriaux, JU

Monteverdi Car Collection
Oberwilerstr. 20
4102 Binningen-Basel

Agustoni Collection
Via E. Bossi 6
6830 Chiasso

Collection Pierre Strinanti
35, chemin du Pré-Langrand
1223 Cologny, Genf

Fondation du
Château de Grandson
1422 Grandson

Verkehrshaus der Schweiz
Lidostraße 5
6006 Luzern

Fondation Pierre Gianadda
1920 Martigny

Oldtimer Galerie
Gruberstraße 1
3125 Toffen

Automobilsammlung Anderegg
Kerzerstraße 105
3284 Fräschels

Musée Jean Tua
de l'automobile
et de la Moto
3, rue Pestalozzi
1202 Genf

Historicum
Zürcherstraße
7320 Sargans

Auto Ernst AG
Museum + Occasionen-Center
6340 Baar bei Sihlbrugg

SPANIEN

Colleccio d'automobils
de Salvador Claret
Ctra Nacional 11 km 698
Sils (Gerona)

TSCHECHIEN

Technisches Museum
des Nationalen Unternehmens Tatra
74221 Tatr, Koprivnice

Navrodi Technicke Museum
Kostelni 42
17078 Prag 7, Letna

Skoda-Museum
Rudé armády 210
29310 Mladá Boleslav

UNGARN

Verkehrsmuseum
Közlekedési Museum
Városligeti körút 11
XIV Budapest

VEREINIGTE STAATEN VON AMERIKA

ALABAMA

The Vintage Motor Museum
850 Government
Mobile, AL 36602

ALASKA

Alaska Historical &
Transportation Museum
Box 920
Palmer, AK 99645

ARIZONA

Hall of Fame Museum
6101 E. Van Buren
Phoenix, AZ 85008

ARKANSAS

The Museum of Automobiles
Petit Jean Mountain
Morrilton, AR 72110

CALIFORNIA

Concours Motorcars
619 E. Fourth St.
Santa Ana, CA 92703

Firehouse Museum
1972 Columbia St.
San Diego, CA 92117

Los Angeles Museum of
Natural History-Exposition Park
900 Exposition Blvd.
Los Angeles, CA 90007

Merle Norman
Classic Beauty Collection
15180 Bledsoe Street
San Sylmar, CA 91342

Movieland Wax Museum
P.O. Box 5130, 7711 Beach Blvd.
Buena Park, CA 90602

Millers Horse & Buggy Ranch
9425 Yosemite Blvd.
Modesto, CA 95351

Metropolitan Historical Collection
5330 Laurel Canyon Blvd.
North Hollywood, CA 91607

Wagons to Wings Museum
15060 Foothill Road
Morgan Hill, CA 95037

Toyota Museum
1901 South Western Ave.
Torrance, CA 90509

Blackhawk Auto Collection
1975 San Remo Valley Blvd.
San Ramon, CA 94583

COLORADO

Ghost Town
Corner of Hwy. 24 W & 21st St.
Colorado Springs, CO 80907

Forney Transportation Museum
1416 Platte, Denver, CO 80200

Front Wheel Drive Auto Museum
250 N. Main St.
Brighton, CA 80601

Dougherty Museum Collection
8382 1075th St.
Longmont, CO 80501

CONNECTICUT

Hartford Automobile Club
815 Farmington Ave.
West Hartford, CT 06119

Museum of Connecticut History
231 Capitol Ave.
Hartford, CT 06115

DELAWARE

Delaware Agricultural Museum
866 N. Dupont Hwy.
Dover, DE 19901

Memours Manisons & Gardens
P.O. Box 109, Rockland Rd.
Wilmington, DE 19899

DISTRICT OF COLUMBIA

Smithsonian Institution
14th & Constitution
Washington, D.C. 20560

FLORIDA

Bellm Cars &
Music of Yesterday
5500 N. Tamiami Trial
Sarasota, FL 33577

Elliot Museum
Hutchinson Isld.
Stuart, FL 33494

Silver Springs
Antique Car Collection
St. Rd. 40
Ocala, FL 32670

The Birthplace of
Speed Museum
160 E. Franada Blvd.
Ormond Beach, FL 32074

GEORGIA

Antique Auto &
Music Museum
Stone Mountain Memorial Park
Stone Mountain, GA 30088

IDAHO

Grant's Antique Cars
& Museum
5603 Franklin Rd.
Boise, ID 83705

Idaho State Historical Society
Transportation Museum
Boise, ID 83705

Vintage Wheel Museum
218 Cedar St.
Sandpoint, ID 83864

ILLINOIS

Gasoline Alley
c/o Hitchin-Post Inn
1765 N. Milwaukee
Libertyville, IL 60048

Fagan's Antique &
Classic Automobile Museum
162nd St. & Clairmont Ave.
Markham, IL 60426

Grant Hills
Antique Auto Museum
U.S. Hwy. 20
Galena, IL 61036

Hartung's Automotive Museum
3623 W. Lake St.
Glenview, IL 60025

Lazarus Motor Museum
Box 368, 211 Walnut St.
Forrston, IL 61030

Martin's Antique
Automobile Museum
R.R. 1
Metamora, IL 61548

Museum of Science & Industry
57th & Lake Shore Dr.
Chicago, IL 60637

The Time Was Village Museum
U.S. Hwy. 51 - 52
Mendota, IL 61342

Volo Antique Auto
Museum & Village
Route 120
Volo, IL 60073

Quinsippi Auto Museum
All American City Park
Quincy, IL 62301

INDIANA

Auburn-Cord-Duesenberg Museum
1600 South Wayne St.
Auburn, IN 46706

Early Wheels Museum
817 Wabash Ave.
Terre Haute, IN 47801

Elwood Haynes Museum
1915 South Webster St.
Kokomo, IN 46902

Indianapolis Motor Speedway
& Hall of Fame Museum
4790 West 16th St.
Speedway, IN 46224

Museum of
Transportation & Communication
P.O. Box 83
Noblesville, IN 46060

Plew's Indy 500 Museum Inc.
9648 West Morrison St.
Indianapolis, IN 46231

Bill Goodwin Museum
757 South Harrison St.
Frankfort, IN 46041

Studebaker National Museum
520 S. Lafayette St. und 120 South St.
Joseph St., South Bend, IN 46600

IOWA

Auto Museum
Sioux Center, IA 51250

Don Jensen Museum
411 4th. Ave.
N.Humbolt, IA 50548

Iowa State Historical Museum
East 12th. & Grand Ave.
Des Moines, IA 50319

Van Horn's Truck Museum
Hwy. 65, Mason City, IA 50401

KANSAS

Kansas State
Historical Museum
120 West Tenth St.
Topeka, KS 66612

Van Arnsdale Antique
Hwy. 50
Macksville, KS 67557

LOUISIANA

Cars of Yesteryear Museum
P.O. Box 15080
12137 Airline Hwy.
Baton Rouge, LA 70801

MAINE

Boothbay Auto Museum
Box 123
Route 27
Boothbay, ME 04537

The Owls Head
Transportation Museum
Box 277
Knox County Airport
Owls Head, ME 04854

Stanley Museum
P.O. Box 280
Kingfield, ME 04947

Wells Auto Museum
Route 1
Wells, ME 04090

MASSACHUSETTS

Heritage Plantation
Auto Museum
Grove & Pine St.
Sandwich, MA 02563

Sturbridge Auto Museum
P.O. Box 486, Sturbridge,
MA 01566

Museum of Transportation
Larz Anderson Park
Brookline, MA 02146

MICHIGAN

Alfred P. Sloan Museum
1221 E. Kearsley St.
Flint, MI 48500

Automotive Hall of Fame, Inc.
P.O. Box 1742
Northwood Institute
Midland, MI 48640

Detroit Historical Museum
5401 Woodward
Detroit, MI 48202

Gilmore / CCCA Car Museum
6865 Hickory Rd.
Hickory Corners, MI 49060

Henry Ford Museum &
Greenfield Village
P.O. Box 1970, 20900 Oakwood Blvd.
Dearborn, MI 48120

Poll Museum
of Transportation
353 East Sixth St.
Holland, MI 49423

R. E. Olds Museum
240 Museum Dr.
Lansing, MI 48933

Domino's Rearview Mirror
3815 Plaza Dr.
Ann Arbor, MI 48108

Pontiac Museum
c/o John Sawruk
One Pontiac Plaza
Pontiac, MI 48053

MINNESOTA

Roaring 20's Auto Museum
Hwy. 55
Brooten, MN 56316

MISSISSIPPI

Frank' Museum and Antiques
Hwy. 45 S.
Boonville, MS 38829

MISSOURI

Kelsey's Antique Auto Museum
Camden, MO 65020

Memoryville, U.S.A.,
Autos of Yesteryear
Route 63 North
Rolla, MO 65401

National Museum
of Transportation
3015 Barrett Station Rd.
St. Louis, MO 63122

Ozark Auto Show & Museum
West Hwy. 76
Branson, MO 65616

Patee House Museum
Box 1022, 12th & Penn St.
St. Joseph, MO 64503

Turpen Enterprises:
Classic & Antique Cars
1206 West Hwy. 76
Branson, MO 65616

MONTANA

Dudley Garage
Stonewall Hall
Virginia City, MT 59755

Oscar's Dreamland
Route 9
Billings, MT 59102

Polson-Flathead
Historical Museum
704 Main St.
Polson, MT 59860

Towe Antique Ford Collection
P.O. Box 748, 1106 Main St.
Deer Lodge, MT 59722

World Museum of
Mining & Hellroarin' Gulch
West Park St.
Butte, MT 59701

NEBRASKA

Chevyland, U.S.A.
Route 2
Elm Creek, NE 68836

Hastings Museum
1330 N. Burlington
Hastings, NE 68901

Sawyer's Sandhill Museum
Hwy. 20
Valentine, NE 69201

Stuhr Museum
of the Praire Pioneer
3133 W. Hwy. 34
Grand Island, NE 68801

Harold Warp
Pioneer Village
P.O. Box 68
Minden, NE 68959

NEVADA

Imperial Palace
Auto Collection
3535 Las Vegas Blvd.
Las Vegas, NV 89109

NEW HAMPSHIRE

Crossroads of
America Museum
Box 436, Route 302 & Trudeau Rd.
Bethleham, NH 03579

The Grand Manor
Routes 16 & 302
Glen, NH 03838

Westminster MG Car Museum
c/o Gerard Goquen
P.O. Box 37 S.St.
Walpole, NH 03608

NEW JERSEY

Space Farms
Route 519
Beermerville, NJ

NEW MEXICO

Antique Auto Barn
National Parks Hwy. 16 - 180
Carlsbad, NM 88220

NEW YORK

Bridgewater Auto Museum
Box 152, U.S. Route 20
Bridgewater, NY 13313

Collector Cars Inc.
56 W. Merrick Rd.
Freeport, NY 11520

Himes Museum of
Motor Racing Nostalgia
15 O'Neil Ave.
Bay Shore, NY 11706

Watkins Glen Racing Museum
and National Motor Racing
Hall of Fame
110 N. Franklin St.
Watkins Glen, NY 14891

Old Rhinebeck Aerodrome
Stone Church Rd. off Route 9
Rhinebeck, NY 12572

William F. Badgley
Historical Museum
Schoharie, NY 12157

Wilson Historical Museum
Route 425
Wilson, NY 14172

NORTH CAROLINA

Estes-Winn-Blomberg
Antique Car Museum
Ashville, NC 28804

N.C. Transportation Museum
Spencer

Rearview Mirrior Museum
Spencer Shops Historic Site
P.O. Box 165, Nags Head,
NC 28159

NORTH DAKOTA

Bonanzaville USA
I - 94 & U.S. 10
West Fargo, ND 58078

OHIO

Allen County Museum
620 W. Market St.
Lima, OH 45801

Canton Classic Car Museum
555 Market Ave. South
Canton, OH 44702

Carillion Park
Patterson & Carillion Blvd.
Dayton, OH 45409

Frederick C. Crawford
Auto-Aviation Museum
10825 E. Blvd.
Cleveland, OH 44106

Goodyear World of Rubber
1144 E. Market St.
Akron, OH 44316

Scio Pottery Museum
Box 565, Intersection of
OH Routes 151 & 646
Scio, OH 43988

OKLAHOMA

Antiques Inc.
P.O. Box 1997, 2215 W. Shawnee
Muskoge, OK 74401

Museum of Special Interest Cars
Shawnee, OK 74801

OREGON

Tillamook County Pioneer Museum
2106 2nd St.
Tillamook, OR 97141

PENNSYLVANIA

Gast Classic Motorcars
R.D. 2, Box 1G, Route 986
Strasburg, PA 17579

Alan Dent Antique Car Museum
Box 254
Lightstreet, PA 17839

Boyertown Museum of Historic Vehicles
P.O. Box 30, Reading Ave. & Warwick St.
Boyertown, PA 19512

Colonial Flying Corps. Museum
Box 17, Newark Rd.
Toughkenamon, PA 19374

Pollock Auto Show Case I
70 S. Franklin St.
Pottstown, PA 19464

Station Square
Transport Museum
450 The Landmarks Bldg.,
One Station Sq.
Pittsburgh, PA 15219

Swigart Museum
Museum Park
Huntingdon, PA 16652

William Penn Memorial Museum
P.O. Box 1026, Third & North St.
Harrisburg, PA 17120

RHODE ISLAND

Newport Automobile Museum
One Casino Terrace
Newport, RI 02840

SOUTH CAROLINA

NMPA Stock Car Hall of Fame /
Joe Weatherly Museum
P.O. Box 500, Hwy. 34
Darlington, SC 29532

SOUTH DAKOTA

Autos of Yesteryear Museum
Alcester, SD 57001

Horseless Carriage Museum
Box 2933,
Hwy. 16 - Mt. Rushmore Rd.
Rapid City, SD 57701

Ledbetter's Auto Museum
U.S. 16 W.
Custer, SD 57730

Old West Museum
P.O. Box 275, Hwy. I - 90, Exit 260
Chamberlain, SD 57325

Pioneer Auto Museum
Junction of I - 90 & U.S. Hwy. 16 & 83
Murdo, SD 57559

TENNESSEE

Old Car Museum
Hwy. 51 S.
Union City, TN 38261

Car Collector Hall of Fame
1534 Demon Breun St.
Nashville, TN 37203

Dixie Gunworks, Inc.
P.O. Box 130, Gunpowder Lane
Union City, TN 38261

Smoky Mountain Car Museum
Box 1385
Pigeon Forge, TN 37863 - 1385
Reed's 1950 Antique Car Museum
Route 2 - Lost Sea Pike
Sweetwater, TN 37874

TEXAS

Central Texas Museum
of Automotive History
Hwy. 304
Rosanky, TX 78953

Classic Car Showcase & Wax Museum
Box 543, Star Route
Keerville, TX 78028

McAllen Hudson Museum
3100 Colbath Rd.
McAllen, TX 78501

Panhandle-Plains Historical Museum
P.O. Box 967, W.T. Station
U.S. Hwy. 87 on 4th Ave.
Canyon, TX 79016

Pate Museum of Transportation
P.O. Box 711, U.S. Hwy. 377
Ft.Worth, TX 76101

San Antonio Museum of Transportation
P.O. Box 2601, Hemis Fair Plaza
San Antonio, TX 78205

Galveston Automobile Museum
1309 Tremont St.
Galveston, TX 77550

Vidas Vintage Vehicles
I - 45 N.
Spring, TX 77380

UTAH

Bonneville Speedway Museum
P.O. Box 39, Wendover, UT 84083

Kimball-Browning Car Museum
25th St. & Wall Ave.
Ogden, UT 84401

VERMONT

Bennington Museum
Bennington, VT 05201

VIRGINIA

Historic Car & Carriage Caravan
Box 748, Luray Caverns
Luray, VA 28835

Roanoke Transportation Museum
802 Wiley Dr. S.W.
Roanoke, VA 24015

Glade Mountain Museum
Route 1, Box 73
Atkins, VA 24311

Pettits Museum of Motoring Memories
P.O. Box 445
Louisa, VA 23093

Roaring Twenties Antique
Car Museum
State Rt. 230
Hood, VA 22723

Edgar Rohr Collection Museum
Box 71, 9203 N. West
Manassas, VA 22110

WASHINGTON

Lynden Pioneer Museum
Third & Front St.
Lynden, WA 98264

Museum of History & Industry
2161 East Hamlin St.
Seattle, WA 98112

WISCONSIN

Brooks Stevens
Automotive Museum
10325 N. Port Washington RD.
Mequon, WI. 53092

David Uihlein
Antique Racing Car Museum
236 Hamilton Rd.
Turn Halle
Cedarburg, WI 53012

Dells Auto Museum
Wisconsin Dells, WI 53965

Four Wheel Drive Museum
Entrance of Walter A. Olen Park
Foot of E. 11th St.
Clintonville, WI 54929

Midway
Auto Museum
P.O. Box 183, Route 2
Birnamwood, WI 54414

Zunker's Antique
3722 MacArthur Dr.
Manitowoc, WI 54220

KANADA

ONTARIO

National Museum of
Science & Technology
1867 St. Laurent Blvd.
Ottawa, CDN K1A 0M8

Canadian Automotive Museum
99 Simcoe St. South
Oshawa, CDN L1H 4G

BRITISH COLUMBIA

Classic Car Museum
813 Douglas St.
Victoria, CDN V8W 2B9

ALBERTA

Reynolds Museum
4118 - 57 St.
Wetaskiwin, CDN T9A 2B6

ABKÜRZUNGEN

Alabama: AL
Alaska: AK
Arizona: AZ
Arkansas: AR
California: CA
Colorado: CO
Conneticut: CT
Delaware: DE
District of Columbia: DC
Florida: FL
Georgia: GA
Hawaii: HI
Idaho: ID
Illinois: IL
Indiana: IN
Iowa: IA
Kansas: KS
Kentucky: KY
Louisiana: LA
Maine: ME
Maryland: MD
Massachusetts: MA
Michigan: MI
Minnesota: MN
Mississippi: MS
Missouri: MO
Montana: MT
Nebraska: NE
Nevada: NV
New Hampshire: NH
New Jersey: NJ
New Mexico: NM
New York: NY
North Carolina: NC
North Dakota: ND
Ohio: OH
Oklahoma: OK
Oregon: OR
Pennsylvania: PA
Rhode Island: RI
South Carolina: SC
South Dakota: SD
Tennessee: TN
Texas: TX
Utah: UT
Vermont: VT
Virginia: VA
Washington: WA
West Virginia: WV
Wisconsin: WI
Wyoming: WY

Geschichte · Volkskunde · Literatur · Kunst · Kultur

Weitere Titel aus unserem vielseitigen Verlagsprogramm

Vom Pompier-Corps zur Feuerwehr Historische Gerätschaften aus dem Landkreis Karlsruhe. Text- und Bilddokumentation, 160 Farbfotos, 152 Seiten, gebunden.

Gernot G. Lorsong · **Ladenburg · Von den Steinzeitjägern bis heute**. Streifzug durch die Geschichte einer alten Stadt. 240 Seiten, zahlreiche historische Fotos, Karten, Zeittafeln, Paperback.

Hansjörg Frommer · **Spindel, Kreuz und Krone** · Herrscherinnen des Mittelalters: Adelheid, Theophanu, Gisela, Agnes, Richenza und Konstanze. 280 Seiten, illustriert, Paperback.

Hansjörg Frommer · **Die Salier und das Herzogtum Schwaben**. Reihe: Dokumente zur Geschichte. 160 Seiten, mit zahlreichen Abbildungen, Karten und Stammtafeln, Paperback.

Ferdinand Kusterer · **In den Händen der Zeit**. Von Stalingrad nach Amerika. Erinnerungen und Gedanken im Spiegel der deutschen Geschichte. 350 Seiten, Paperback, 2. Auflage.

Leopoldine Weizmann · **Zum Bericht über eine Generation** · Jugenderinnerungen in Deutschland. Vorworte von Jürgen Habermas und Alain Touraine. 448 Seiten, gebunden.

Drehorgeln. Schaurig-Schön. Herausgegeben von Dr. Wolfram Metzger. Mit einem Vorwort von Prof. Dr. Harald Siebenmorgen und einer Anmerkung von Dr. Karlheinz Klimt. 216 Seiten, 120 Farbtafeln, 80 s/w-Abbildungen.

Musikautomaten im Museum mechanischer Musikinstrumente in Bruchsal. 56 Seiten, 36 Farb- und 12 s/w-Abbildungen, Broschur.

Und ewig ticken die Wälder · Uhren aus Schwarzwaldstuben. Herausgegeben von Dr. Wolfram Metzger. Vorwort von Prof. Dr. Harald Siebenmorgen. 232 Seiten, 234 Farb-, 32 s/w-Abbildungen, Paperback.

Rosemarie Stratmann-Döhler · **Mechanische Wunder - Edles Holz**. Roentgen-Möbel des 18. Jahrhunderts. 148 Seiten. Fadenheftung, Paperback, Großformat.

Bäume leuchtend, Bäume blendend · Historischer Christbaumschmuck. Herausgegeben von Dr. Wolfram Metzger. 208 Seiten, 178 Farbtafeln, 76 s/w-Abb., Paperback, 2. Auflage.

Neues Bauen der 20er Jahre · Gropius, Haesler, Schwitters und die Dammerstock-Siedlung in Karlsruhe. Begleitpublikation zur gleichnamigen Ausstellung des Badischen Landesmuseums im Museum am Markt. 256 Seiten. 40 Farb- und 400 s/w-Abbildungen, Paperback.

von erd bin ich gemacht · Gestaltete Baukeramik, Ofenwandplättchen und Feierabendziegel. Katalog zur gleichnamigen Ausstellung des Badischen Landesmuseums im Schloß Bruchsal. 160 Seiten, 94 Farb-, 52 s/w-Abbildungen, Paperback.

Traumwelten der 50er Jahre · Puppenwelt und Wirklichkeit. Begleitpublikation zur gleichnamigen Ausstellung der Volkskundlichen Abteilung des Badischen Landesmuseums, Schloß Bruchsal. 192 Seiten, 180 Farbtafeln, 32 s/w-Abbildungen, Paperback.

Wenn bei Capri die rote Sonne · Die Italiensehnsucht der Deutschen im 20. Jahrhundert. Begleitpublikation zur gleichnamigen Ausstellung des Badischen Landesmuseums im Schloß Karlsruhe. 224 Seiten, 223 Farb- und 95 s/w-Abbildungen.

40 Jahre Barbie-World · Vom deutschen Fräuleinwunder zum Kultobjekt in aller Welt. Begleitpublikation zur gleichnamigen Ausstellung des Badischen Landesmuseums im Schloß Bruchsal. 196 Seiten, 250 Farb- und 25 s/w-Abbildungen.

Gerhard Lanzenberger · **Isaak und Ismael. Juden und Araber sind Brüder**. Ein Beitrag zum Frieden in Nahost. Geleitwort von Prof. Dr. Schalom Ben-Chorin. 160 Seiten, 20 s/w-Fotos, Paperback.

Gerhard Lanzenberger · **Schöpfung ist Evolution** · Bibel und Naturwissenschaften im Vergleich. Geleitwort von Prof. Dr. Dr. H.H. Kornhuber. 240 Seiten, Paperback, 2. überarbeitete Auflage.

Luise Gunter-Kornagel · **Weltbild in Siegfried Wagners Opern**. Edition Moritz von Schwind. 640 Seiten, 130 Farbtafeln, mehr als 20 s/w-Abbildungen, gebunden, mit Schutzumschlag.

Picasso Live · Fotografien von Edward Quinn. Herausgegeben in Zusammenarbeit mit der Städtischen Galerie Karlsruhe. Kunstband, 80 Fotos, 176 Seiten.

Hartmut Gampp · **Werkkatalog. Malerei, Objekte, Environments**. Begleitpublikation zu den Ausstellungen in Bonndorf, Halle und Karlsruhe. 120 Seiten, 40 Farbtafeln, Großformat.

Hartmut Gampp · **Werkkatalog. Frottagen und Zeichnungen**. Begleitpublikation zu den Ausstellungen in Halle und Karlsruhe. 120 Seiten, 55 Bildtafeln, Großformat.

Ulrich J. Sekinger · **Von der Sichtbarkeit des Unsichtbaren**. Werkkatalog. Begleitpublikation zu den Ausstellungen in Karlsruhe, Marbach, Wörth und Lahr. Mit einer Einführung von Dr. Daniel Kupper und Günther Diel. 120 Seiten, 96 Bildtafeln, überwiegend farbig, Großformat.

Die Bauhaus-Künstlerin Margaret Leiteritz · Gemalte Diagramme. Mit Textbeiträgen von Klaus E.R. Lindemann, Hans Fischli, Dr. Peter Hahn, Toni Peter Kleinhans, Dr. H.P. Mühlmann. 120 Seiten, 40 Farbmotive, gebunden, 2. Auflage.

Gert Boegner · **Kraichgau** · Streifzüge durch Land und Geschichte. Fotobildband, 144 Seiten, 80 Farbmotive, Großformat, gebunden, 3. Auflage.

Gert Boegner · **Gardasee** · Tor zum Süden. Fotobildband, 180 Seiten, 144 Farbmotive, Großformat, gebunden, mit kaschiertem Schutzumschlag.

Gert Boegner · **Der alte Rhein** · Im Stromverlauf von Baden und Pfalz. 150 Seiten, 117 Farbmotive, Großformat, gebunden, Schutzumschlag, 3. überarbeitete Auflage.

Toni Peter Kleinhans · **Sylvia, das Tulpenmädchen**. Roman aus der Gründerzeit der Residenzstadt Karlsruhe. 176 Seiten, Paperback.

Jürgen Kleist · **Nietzsche in Turin**. Vom Genie zum Wahnsinn. Novelle. 100 Seiten, Paperback.

Eberhard Raetz · **Kaspartheater** · Eine Reise von Karlsruhe ins Frankenland. Ein Kaspar-Hauser-Roman. 240 Seiten, gebunden, mit Schutzumschlag.

Hubert Becker · **Damals war erst gestern**. Roman. Die Handlung spielt im Mannheim der Fünfzigerjahre. 180 Seiten, Paperback.

Der Hermann-Hesse-Preis · Dokumentation über einen der am höchsten dotierten Literaturpreise der Bundesrepublik. Mit Textbeispielen, Preisträger-Reden, Presseecho, Interviews, biographischen Angaben und ausführlicher Bibliographie. 300 Seiten, Paperback.

500 Jahre Philipp Melanchthon · Hierzuland Sonder-Edition zum Melanchthon-Jubiläum. 80 Seiten, reich bebildert.

Helmut Oeß · **Das entbäffnete Pfäffchen**. 146 Limericks aus der Pfarre. Mit Illustrationen von Prof. W. Weißbrodt. 180 Seiten, Paperback, 2. Auflage.

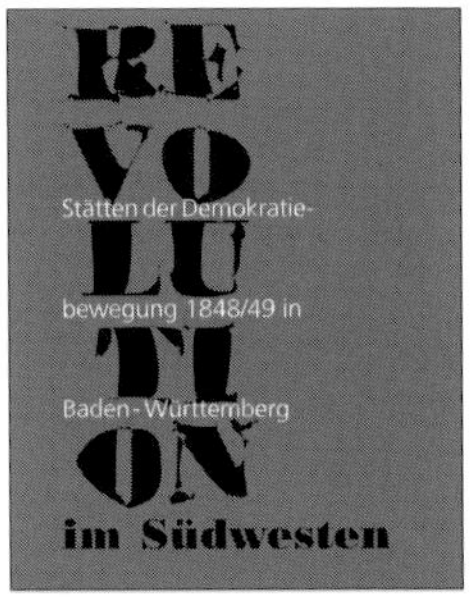

Helmut Oeß · **Dazwischen steht die Polizei. Polizeitensprünge auf Versfüßen**. Alte Stiche, neu belichtet. 176 Seiten, 114 Abbildungen, Großformat, 2. Auflage.

Aennes Katze · Ein Katzenbilderbuch. Eine Geschichte zum Vorlesen und Selberlesen. 24 Seiten, zahlreiche farbige Zeichnungen, Großformat, Schweizer Broschur mit kartoniertem Umschlag.

Herrmann Ecarius (Dr. Alfred Stümper) **Gebetbüchlein für Sünder**. Ein ganz und gar nicht so frommes Buch. 132 Seiten, mit zahlreichen Fotos, gebunden.

Herrmann Ecarius (Dr. Alfred Stümper) **Auf der Suche nach dem einen Gott**. Edition Moritz von Schwind. 56 Seiten, mit Farbabbildungen, gebunden.

Henning Huffer · **Tatort Südsee**. Abenteuerflug durch die Vergangenheit. Roman zum gleichnamigen Videofilm. 483 Seiten, gebunden mit kaschiertem Schutzumschlag, 2. Auflage.

Rechtsfibel für die Jugend · Ein umfassender Ratgeber in Sachen "Jugendrecht". 21. Auflage. 192 Seiten, Paperback.

Das badische Ständehaus · Text und Bilddokumentation über das erste deutsche Parlamentsgebäude. 144 Seiten, 88 Abbildungen, gebunden.

Revolution im Südwesten · Stätten der Demokratiebewegung 1848/49 in Baden-Württemberg. 784 Seiten, 331 s/w-Abbildungen, gebunden, 2. Auflage.

Friedrich Georg Hoepfner · **Die Hochburg der Braukunst**. 200 Jahre Brauerei Hoepfner. 120 Seiten, 219 Farb- und 73 s/w-Abbildungen, Großformat, gebunden. Mit einem Titelmotiv von Tomi Ungerer.

Klaus E.R. Lindemann (Hrsg.) · **Martin Rickelt. Vom Kurfürstendamm zur Lindenstraße**. Stationen eines Schauspielerlebens. 108 Seiten, 105 s/w-Abbildungen und 50 Farbfotos, gebunden.

Dietlev Bartels, Thomas Ehl · **Elsaß für Neubürger**. Ein Leitfaden für angehende Franzosen. 200 Seiten, zahlreiche Abbildungen, Karten und Formularvordrucke, Paperback.

INFO VERLAGSGESELLSCHAFT
Postfach 33 67 · D - 76019 Karlsruhe
Käppelestraße 6 · D - 76131 Karlsruhe
Telefon (0721) 617888
Fax (0721) 621238
ISDN Leonardo (0721) 9613850
info-verlag-karlsruhe@t-online.de